明治大学商学部グローバル人材育成シリーズ❷

これが
アクティブラーニング

明治大学商学部 編

同文舘出版

はしがき

　本書は，明治大学商学部グローバル人材育成シリーズの第2巻です。「国際化」や「グローバル化」という言葉がよく使われるようになり，教育の世界においては「アクティブラーニング」への関心が高まっています。実際，「アクティブラーニング」は，大学のみならず高等学校や中学校などでも使われており，本書は，大学で初めて学ぶ者がその内容を理解し，実践できるようにすることを目的としています。執筆のきっかけは，明治大学商学部と経営学部で開講している，「フューチャースキル講座」の反省会での，協力企業の方からの言葉でした。それは「今年度は，例年に比べ，あまりよい発表がなかった」という趣旨の発言で，講座に関係する教員達でその原因を考えました。現代の若者はパソコンよりもスマホで知らないことを調べたり，人とSNSで連絡したりしていることも原因として考えられますが，大学1年生の中には，データの調べ方や発表の仕方などを学んでいない者もいるのではないかとの結論に至りました。そのため，アクティブラーニングという教授法に触れていない1年生の入学後の自習用の教材として，本書の出版が企画されたのです。

　第1講では，「アクティブラーニングとは何か」と題して，アクティブラーニングが日本でどのように捉えられているのかを含め，その紹介が行われています。第2講は，「グループで学ぶ」として，1人で学習するのではなくゼミナールなどを含め，4人，5人の集団で学ぶ際の注意点などを紹介しています。第3講では，「課題を理解する」と題して，企業など外部の協力組織によって提示された課題について，どのようにそれを理解すればよいのかなどを示しています。第4講の「調べる」では，提示された課題の解決策を考えるに当たって，簡単にインターネットで資料を調べられるようになっている中で，注意した方がよい事柄などを説明しています。

　第5講は，「ディスカッションする」として，課題の解決策を決めるためにグループで議論する際の方法や効果などを取り上げています。第6講では，「レジュメを作成する」と題して，大学ではよく使われる「レジュメ」という

配布資料について，それを作成する際の注意点などを確認しています。第7講は，「発表する」と題して，グループでまとめた解決策について，課題を提示した企業に対して発表することを含め，自分たちがまとめた成果について，発表する際の注意点などを紹介しています。第8講では，「キャリアにつなげる」と題して，本書を通じて学んだことは，これからの学生生活だけでなく，卒業後においても活かせることを示しています。

　本書を出版するきっかけとなった「フューチャースキル講座」は，一般社団法人 Future Skills Project 研究会の企画を受けて始まったものです。同研究会は，「社会で活躍できる人材をどのように育成すべきか」をテーマとしていますが，大学への具体的な提案も行っています。これを受ける形で，明治大学の「フューチャースキル講座」が始まりました。この講座の運営には，企業の協力が不可欠であるため，同研究会には，大学のみならず企業も参加しています。明治大学には，連合駿台会という経済人から成る卒業生の組織があり，その大学支援委員会が「フューチャースキル講座」に協力いただける企業を紹介してくれています。現在，本講座に協力いただいている大学支援委員会の委員長である浅井宏様，同副委員長の伊原敏雄様を始め，これまでご支援いただいた連合駿台会の皆様に心より御礼申し上げます。

　最後に，昨年9月の執筆依頼にも関わらず，本書の執筆を快諾いただいた先生方，英語の確認をしてくださったジェームズ先生，また，出版を快く引き受けていただき，時間に追われる中で，編集や校正の作業にご協力いただいた同文舘出版の市川良之様，大関温子様に感謝申し上げます。

2018年2月19日

明治大学商学部長　出見世　信之

目次　INDEX

第1講　Part.1
アクティブラーニングとは何か
What is Active Learning?

- ▶1. 教育環境の変化　　2
- ▶2. 海外の大学での状況　　9
- ▶3. 明大商学部での取り組み　　13
- ▶4. グローバルに活躍するために　　19

第2講　Part.2
グループで学ぶ
Learning in Groups

- ▶1. 社会で活躍するためには　　24
- ▶2. アクティブラーニングで行われる様々な活動　　30
- ▶3. グループ活動への気付き　　33

第3講　Part.3
課題を理解する
Understanding Issues

- ▶1. 課題の全体像を把握する　　44
- ▶2. 課題をより深く理解する　　47
- ▶3. 5W1Hを深堀する　　53

▶4．よくない質疑　　67

第4講　Part.4
調べる
Conducting Research

▶1．調査方法の変化　　72

▶2．インターネットの情報とうまくつきあう　　73

▶3．調査の方法　　77

第5講　Part.5
ディスカッションする
Reaching a Settlement

▶1．なぜ，ディスカッションを行うのか　　90

▶2．効果的なディスカッションとは　　93

▶3．効果的な「ディスカッション」を行う方法　　99

第6講　Part.6
レジュメを作成する
Preparing Materials

▶1．アクティブラーニングにおけるレジュメとは何か　　110

▶2．レジュメの構成内容　　114

▶3．引用の方法と考え方　　118

▶4. 文献リストの表記方法　　122

第7講　Part.7
発表する
Making a Presentation

▶1. 聞き手を知る　　128

▶2. 発表資料を作る　　131

▶3. プレゼンテーションを行う　　138

▶4. 英語で発表する　　142

第8講　Part.8
キャリアにつなげる
Making the Most of This Experience for Your Future

▶1. これまでの日本の教育スタイル　　148

▶2. アクティブラーニング型授業の実例　　150

▶3. 明治大学商学部でのアクティブラーニング実践　　153

▶4. アクティブラーニングをキャリアに生かす　　157

▶5. アクティブラーニングによる成果の就職活動での活用　　159

▶6. 仕事を通じて社会で要求されることへの備えと先取り　　161

▶7. 生涯学習としてのアクティブラーニング　　164

▶8. 企業側の課題とアクティブラーニングの意義　　166

This is Active Learning

第1講

アクティブラーニングとは何か

1. 教育環境の変化
2. 海外の大学での状況
3. 明大商学部での取り組み
4. グローバルに活躍するために

Part.1 What is Active Learning?

1 教育環境の変化

本節では，技術革新の進展や政府の方針の変化など，教育を取り巻く環境が変化し，アクティブラーニングが注目されていることを確認する。

　AI（Artificial Intelligence；人工知能）の進展により，これまでは，人間にしかできないと考えられていた仕事がAIを搭載したロボットに代替されようとしている。たとえば「変なホテル」という名前の長崎などにあるホテルでは，ロボットが接客したり，調理をしたりする。人間が実際に経験し，記憶してきたことをデータ化し，AIに入力すれば，ロボットは，そのデータに基づいて行動できるからである。こうした技術革新は，教育の世界にも大きな影響を与える。単に，知識を暗記させる教育では，ロボットができないことを人間にさせることは不可能である。

　小学校の算数では，「1＋1は？」と問われ，中学校の英語の試験では，「□に当てはまる単語を書きなさい」として，"This □ a pen." などの問題が出題される。こうした暗記を中心とした学びに一定の意義は認めるものの，「○や△に当てはまる数字を書きなさい」として，「○＋△＝1」と出題したり，「次の日本文を英文にしなさい」として，「あなたの職業は何ですか」と出題したりする方が多くの答を生徒に考えさせることができる。また，暗記のような学びは，教育方法を工夫しないと，生徒や学生にとっては受動的な学びとなり，学ばされているという印象を強くもつことになる。AI関連の技術が進展する中で，あたかも人間の脳にデータを入力するような学びの仕方は，人間にとって，決して重要なものとはならなくなる。

　本来，「学び」という行為は，主体的なものである。現在の日本では，

主体的・能動的学びを意味する,「アクティブラーニング」(active learning)という言葉が教育に関する議論でよく使われるようになっている。たとえば,文部科学省は,2020年度から導入しようとしている学習指導要領の改訂において,「主体的・対話的で深い学び」を全教科に導入しようとしている。2016年に公表された中央教育審議会の資料の中には,「課題の発見・解決に向けた主体的・協働的な学び」という言葉が使われている。「主体的・対話的で深い学び」という表記であれ,「主体的・協働的な学び」という表記であれ,これらの言葉で示されるのは,1人で学ぶのではなく,複数で学ぶことを前提とするアクティブラーニングである。「対話的」であれ,「協働的」であれ,1人で行うことはできないからである。

　過去の学習指導要領の中には,学習量の削減を主な内容とする「ゆとり教育」を求めたものがあったが,その後の「脱ゆとり教育」の議論の中で,「詰め込み教育」に代わる教育方法として,アクティブラーニングという言葉が使われるようになったのである。アクティブラーニングは,暗記を中心とする教育方法ではなく,自ら考えることを促す教育方法である。時を同じくして,2020年度より,大学入試センター試験に代わって,大学入学共通テストが導入され,国語や数学に記述の問題が導入される。大学入試センター試験は,暗記をすれば高得点になるようなものでは必ずしもなかったが,すべての解答でマークシートを利用させるという方法はより自由な思考を制約するものであった。

　大学入学共通テストの導入は,中央教育審議会が2014年に公表した,「新しい時代にふさわしい高大接続の実現に向けた高等学校教育,大学教育,大学入学者選抜の一体的改革について(答申)」を受けたものである。その後,文部科学省は,高大接続システム改革会議を設置している。同会議は,2016年に「先行きの不透明な時代であるからこそ,多

様な人々と協力しながら主体性を持って人生を切り開いていく力」を重視し,「高等学校教育改革,大学教育改革,及び大学入学者選抜改革をシステムとして,一貫した理念の下,一体的に行う高大接続システム改革」の必要性を説いている。その中で,「高等学校教育」において,「協働的に学ぶ学習」としての「アクティブ・ラーニング」の視点から改革を行うことを求めることなどを内容とする最終報告を公表しているのである。教育を受けたものが,それぞれの人生において,主体的に多様な人々と協力しながら生きられるようにすることが重視されているのである。

中央教育審議会は,2012年8月に「新たな未来を築くための大学教育の質的転換に向けて～生涯学び続け,主体的に考える力を育成する大学へ～」と題する答申を出し,学生の「受動的な受講」から「能動的な学修」への質的転換を大学に求め,これらを受けて,多くの大学でアクティブラーニングへの取り組みが行われるようになり,また,山地・川崎［2012］,松本・秋山［2012］,中山［2013］,杉山・辻［2014］など,大学教育におけるアクティブラーニングに関する研究も数多く見られるようになっている。山地・川崎［2012］では,図表1-1にあるように,学習活動の範囲と授業の構造の自由度から,様々な大学で行われているアクティブラーニングの形態を整理している。

中山［2013］においては,大学教育において,アクティブラーニングを導入するに当たって,問題基盤型学習,問題発見解決型学習などとよばれる,問題を解決するための学習を導入することの有効性が説かれている。そこでは,学生は自己学習と少人数のグループ学習を行い,教員は,現実的,具体的で身近に感じられる問題を事例シナリオとして準備し,学習支援者の役割を果たすというものである。

杉山・辻［2014］では,講義中心クラスとアクティブラーニング中心

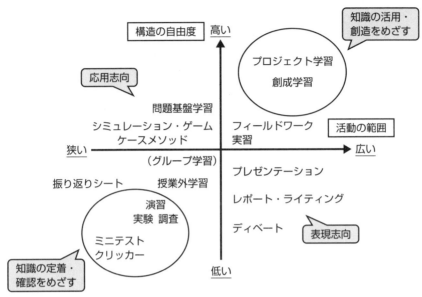

図表 1-1　アクティブラーニングの多様な方法
出所：山地・川崎［2012, 68 頁］。

クラスの比較を行い，授業外学習時間や論述問題の成績，授業満足度の面で，アクティブラーニング中心クラスが有利となったことを示している。これは，アクティブラーニング中心クラスにおいて，グループワークに参加するために授業外学習が促進されることが影響しているとされている。一方，松本・秋山［2012］においては，「現代経済学」の授業において，参加型の授業を展開し，グループに分けて討論をさせる強い参加型の授業と，授業中に教員が学生に意見を聞く弱い参加型の授業とを比較し，両者においては大きな差が生まれなかったことを確認している。

　2017 年 3 月 1 日の『日本経済新聞』では，東京大学が理系の 1 年生に対して，体験や討論から学ぶアクティブラーニングの「初年次ゼミナール」を必修科目にしていることや，立教大学経営学部で，新入生の

「ウェルカムキャンプ」に企業を招き，チームで課題に取り組ませていることなどが紹介されている。東京大学においては，「データ分析で鉄鋼産業を予測するとどうなる？」などがテーマとされ，立教大学経営学部では，「『外食における豊かさ』を定義し，外食の問題点を明らかにせよ」などがテーマとされ，現実の問題を参加学生に具体的に考えさせるようになっている。

2017年5月10日の『日本経済新聞』においては，学生の主体的学びを促すために，静岡大学や山梨大学などにおいて，反転授業が行われていることが取り上げられている。ここでの反転授業では，事前に教授の講義を映像で収録し，学生は授業の前にこれを視聴して，教室では議論を行うというものである。

こうした中で，アクティブラーニングによる教育は，高校，中学校に及ぶまでになっている。たとえば，2016年11月18日の『朝日新聞』によれば，公立中高一貫校の計118校に行ったアンケートで，特色ある授業などに関する自由記述欄において，ディベートなど，生徒側が能動的に参加する形で学ぶ「アクティブラーニング」に関する回答が目立っていたとのことである。また，ベネッセやリクルートなどの企業も自社の教育事業において，高校や中学校の教員向けの講習会を開催したり，授業におけるアクティブラーニングの実践を紹介したりして，有効な方法を提案している。2016年1月11日の『日本経済新聞』には，アクティブラーニングを導入した小中高の100人の教員のうち，59％が成果や授業・生徒の良い変化を感じたことがあると回答しているとの調査結果が紹介されている。

東京都教育委員会は，大学入学共通テストや新学習指導要領に対応するために，都立高校改革推進計画を策定し，2016年に15校の都立高校をアクティブラーニング推進校として選定している。そこでのアクティ

ブラーニングの具体的な学習方法には，発見学習，問題解決学習，体験学習，調査学習等も含まれ，教室内でのグループ・ディスカッション，ディベート，グループ・ワーク等も有効な方法とされている。アクティブラーニングは，国語，数学，英語を含め，多くの教科で行われている。

　このように，大学入学以前の段階においても，アクティブラーニングが導入されるようになっている。こうした主体的，能動的な学びは，グローバル人材の養成のためにも不可欠なものである。「忖度」，「空気を読む」，「察しの文化」などの言葉で表現される日本的な組織内での慣行は，必ずしも国際社会では通用しない。海外では，私たち日本人が自分の主張したいことを正確に相手に伝えたと思っても，自分の主張が相手に理解されないことがある。外国語で伝えなければならないという問題もあるが，それ以前に，これまでの学校教育では，自分の意見を伝えるようなことは重視されてはいなかったからである。そのため，留学して，海外の大学の授業で，他の学生と同じように，教員から意見を聞かれると，言葉の問題以前に，うまく自分の意見を伝えられないといったことが起こるのである。

　入学試験のための勉強の中で，選択肢の中から答を選ぶような問題において，出題者の意図を考えることが解答のテクニックの1つとして紹介されることがある。たとえば，4つの選択肢がある場合，1つが正解で，残りは，正解の一部否定，正解の全部否定，正解と無関係のような選択肢で，出題者は，正解を正しく受験生に認識させようとしていることがある。授業中の教員からの問いかけに対しても，生徒の中には，教員の意図を考えて解答するものがいる。実際，そうしなければ，教室の空気が一変することもある。教員の中にも，質問の意図を察することができる生徒を選び，指名するものがいる。しかしながら，現実の世界で

は，解答する際に必ずしも選択肢が示されているわけではない。また，多様な文化を背景とする人を相手にすると，相手の意図を理解することは容易ではない。これは，質問する側も同じである。

アクティブラーニングは，暗記中心の学習と異なり，グループ・ディスカッションやグループ・ワークなどを利用することにより，グループの中で，互いに相手の発言の意図を理解できるように，コミュニケーションをとりながら，学習することになる。課題解決を目的とするアクティブラーニングでは，必ずしも，ただ1つの正解が用意されているわけではない。教科書やインターネットのどこかに答えが書かれていて，それを探せばよいというものではないのである。

このように，AIなどの技術革新や社会のグローバル化の進展などにより，様々な他者と協働しながら，唯一の正解のない課題に取り組むアクティブラーニングの意義は，ますます高まっているのである。

Part.1 What is Active Learning?

2 海外の大学での状況

本節では,海外の大学やビジネス・スクールにおいて,どのように アクティブラーニングが行われているかを確認する。

　数年前,NHKで,ハーバード大学の政治哲学の授業が白熱教室として放送されたことがある。そこでは,担当教授の「命に値段をつけられるのか」「『富』は誰のものか」などの問いに対して,学生が自分の意見を述べるという姿が描かれている。講義の内容は,Sandel［2009］において紹介されているが,教授が一方的に話をする形式とは異なり,学生との対話を通じて授業が行われている。番組で描かれているのは,学生が教授の質問に対して,自分の意見を述べている姿であり,その場で学生が考えて答えているようにも見える。しかしながら,海外の大学では,授業前の事前学習と授業後の事後学習が当たり前のように求められる。そのため,白熱教室のテレビ番組の中では,学生がその場で教授に質問され,発言しているように映ったとしても,実際には,事前に課題が学生に提示され,課題に対する意見を提出させ,授業の流れに沿う意見を選択して,授業中に取り上げている可能性が高い。福原［2013］が指摘するように,ハーバード大学,オックスフォード大学などの世界のトップスクールは,考える力の養成を重視しているからである。

　教室での議論による教育方法としては,100年以上の伝統を有する経営専門職大学院である,ハーバード・ビジネス・スクールのケースメソッドがある。ケースは,「事例」と訳されるが,元々は,法科大学院であるロー・スクールの教育で利用されていた判例を意味していた。判例は,実際の事件において裁判所が行った判決の実例のことである。ハー

バード・ビジネス・スクールでは，経営実践で行われたことを詳細なケースとしてまとめ，これに基づいて，学生が議論することにより，知識を定着させたり，新たな見方を気づかせたりしているのである。しかしながら，ケースメソッドは過去の事実に基づくものなので，佐藤［2013，4頁］は，技術革新が急速に進展している領域などでは，過去の事例が必ずしも役立たないこともあり，教室の外での実践的な学習である「実習」や教員の指導の下で実地に学ぶ「演習」が増えていることを指摘している。山崎［2016，ii頁］では，ハーバード・ビジネス・スクールが2011年より，ケースメソッドに加え，フィールドメソッドと呼ぶ，教室を出て学生が経験する中で学ぶフィールドプログラムが重視されるようになったことを紹介している。また，佐藤［2013，161頁］は，デューク大学で行われている，20人程度の学生が1人の教員の下で，プレゼンテーション技術の指導を受けることを紹介している。

　ハーバード・ビジネス・スクールは，専門職大学院であるので，学部教育とは異なり，実践性がより求められている。そうであっても，実際にビジネスの現場で使えることの教育を受けたものに対して，「知っていること」と実際に「していること」とのギャップが問題となっている。たとえば，Pfeffer and Sutton［2010］では，多くの経営者がビジネス・スクールで学び，経営の手法を知っているにもかかわらず，実際にはそれを実行していないとしている。そして，その原因として，「会議をして仕事をした気になること」，「前例にこだわること」，「失敗を恐れること」などを挙げている。失敗しないために，前例を求め，会議を重ね，結局，行動しないということが起きるのである。どうすれば，知識を使って行動することができるのか。知識を使って行動するために必要なことは，「『どうやって』よりも『なぜ』を重視すること」，「行動を重視すること」や「失敗に寛容になること」などである。Pfeffer and

Sutton[2010]では，学習には失敗がつきものであり，試行錯誤で行動を行うには，行動の背後にある哲学が重要であることが紹介されている。

こうした行動を重視する点から，海外においてもアクティブラーニングに関する関心は高い。たとえば，1959年には，学校教育を対象としたものではないが，Bleicherが管理者研修を対象にした，"The Use of Active Learning-Methods in Management-Training"という論文を公表している。また，学校教育の分野においては，Halpinが説明責任と関連させて，1979年に"Accountability, Answerability and the Reporting of Active Learning Time"を公表している。Prince[2004]において，エンジニア教育におけるこれまでのアクティブラーニングの効果に関する文献が取り上げられている。アクティブラーニングの要素として，行動的であること，協力的であること，協働的であること，課題志向の学習であることが挙げられ，伝統的な教授法に対して，アクティブラーニングの教育効果が高いことが示されている。

また，Dewing[2010]においては，看護師教育におけるアクティブラーニングと実務の開発に関する考察が行われている。そこで，アクティブラーニングは，全体的な学習の機会を提供し，多様な知性，内省，他者との対話を前提としている。Omelicheva and Avdeyeva[2008]においては，伝統的な講義による授業形態と討論によるアクティブラーニングによる授業形態とでは，学生の学習にどのような影響があるかについて，実証的な考察が行われ，記憶については，講義の形態が勝るものの，学生の認識や評価の点では，討論が勝ることを示している。

さらには，Cohen et al.[2016]のように，アクティブラーニングを円滑に行うための教室のデザインや机や椅子などのレイアウトに関する書籍まで刊行されている。そこでは，講義のためではなく，学生が共同で作業をしたり，議論をしたりしやすいような教室のレイアウトが示さ

れているのである。

　また，"action learning" という表記で，厳密には，「行動学習」と訳されるものであるが，Revans［1981］において，「行動学習」は「知的，感情的，心理的発達のための手法」の1つであり，「現実の複雑で，ストレスのある問題」を改善するための責任ある関与を通じて行われるものであり，「行動による学習」は，その過程の一部であるとしている。その手法は，与えられた現実の課題に対して科学的手法を応用し，推量であったとしても合理的意思決定を追求し，参加者の中で，健全な助言を与え，公正な批判を行い，新しい行動を学習するものである。経済学などで示される，事物を単純化したモデルとは異なり，現実は複雑であり，その解決にはストレスが伴うため，行動学習が有用であるとされるのである。

　明治大学商学部編［2013］では，レンヌ商科大学の「マイクロカンパニー」の取り組みが紹介されている。「マイクロカンパニー」は，レンヌ商科大学の実践的な学習を行う必修科目の1つであり，学生により運営される組織である。学生は，「マイクロカンパニー」に関わることを通じて，会社を運営する能力，グループで働くこと，社会の中での役割について学ぶことになる。「マイクロカンパニー」の授業は，教員主体ではなく，実際に組織を運営する学生主体のものとなる。そのため，受講する学生には，積極的な学びが必要になる。

Part.1 What is Active Learning?

3 明大商学部での取り組み

本節では,明治大学商学部において,どのようにアクティブラーニングが実際に展開されているかを確認する。

　明治大学商学部は,1904年の学部創設以来,「学理実際」を兼備した社会的に有為な人材を育成することを教育目標としている。現代風に言えば,明大商学部の教育目標は,社会が見え,社会から見える学生を育成することとなる。商学部創設に当たり,東京商科大学(現在の一橋大学)の多くの教員が参画したこともあり,明治大学が大学令により設立を認可された1920年頃より,商学部ではゼミナール(演習)による少人数教育が行われるようになる。ゼミナールによる教育は,明大商学部の伝統なのである。

　明大商学部のゼミナールは,現在,2年次から4年次までの一貫教育であり,3年間,1人の教員の下で,同じゼミで学ぶこととなっている。ゼミでは,20名程度の学生と教員が1冊の本を取り上げ,学生に報告の担当を割当て,レジュメを作成させ,ゼミで報告させて,全員で議論をするという輪読の形式がとられることが多い。分担の仕方にもよるが,ゼミ生は必ずしも毎回,報告を求められるわけではない。しかし,ゼミで議論に積極的に参加するためには,ゼミの時間に報告される内容について事前の学習が不可欠となる。さらに,ゼミの中には,ゼミナールの活動のために,自主的にゼミ生が集まってサブゼミを開催したり,教室の外でも,合宿や勉強会を行ったりしているところもある。ゼミによっては,商学部主催の奨学論文や「商学専門セミナー」や「総合学際セミナー」といった学内の論文集への投稿も行われている。ゼミの中に

は，大学の枠を越えて，インター大会と言われる日本学生経済ゼミナール大会やインナー大会と言われる日本学生経済ゼミナール関東部会に参加して，他大学のゼミとの討論部門に参加したり，多くの参加者の前でプレゼンテーションをしたりしているところもある。

　また，ゼミの活動の中で，企業や自治体から提示された課題に取り組み，その成果を発表したり，提案した企画を実践したりすることも行われている。中には，ゼミの卒業生が教室に来て，現役のゼミ生と一緒に，自分が実際に職場で取り組んでいる課題について考えることもある。こうしたゼミの活動は，学生の主体性を前提としたアクティブラーニングなのである。学生の主体的な学びが求められるため，明大商学部では，ゼミの入室試験が行われている。1年次の秋学期に行われる入室試験の前には，1年生が各ゼミの様子を参観できるオープンゼミの期間を設け，その後，ゼミの仕組みを含めて説明を行う総合ガイダンスに加え，各ゼミが個別にガイダンスを行っている。

　さらに，明大商学部は，伝統のゼミナール教育をさらに充実させるために，2006年に演習教育のダブル・コア履修を導入し，商学の専門領域を学ぶ商学専門演習と，専門以外の領域を学ぶ総合学際演習を同時に3年間，履修できるようにしている。それまでは，2年生の教養ゼミと，商学の専門領域について，3年次，4年次の2年間学べる専門ゼミの形式であったのである。2つの異なる学問領域のゼミを同時に履修した学生の内面に，人間理解に裏付けられた商学の専門知識として，新しい価値観や世界観，そして倫理観を創生されることを目的として，演習教育のダブル・コア履修は始められたのである。

　明大商学部は，2006年に文部科学省の「現代的教育ニーズ取組支援プログラム」に採択され，千代田区，三浦市との連携の下で，「商学」の実践教育を実現するために，商学実践店舗「なごみま鮮果」を開設す

る。それは，「自主・自立型実践教育」の一環として，千代田区神田にある空き店舗を活用して，三浦市の産物を中心に販売を行って，それぞれの地域を活性化しようとする取り組みである。その運営は，教員の指導の下で，学生に委ねられている。

明大商学部は，文部科学省の「質の高い大学教育推進プログラム」に採択され，2009 年より「地域・産学連携による自主・自立型実践教育」と題する人材育成プログラムを導入する。①問題発見力，②課題解決・企画構想力，③コミュニケーション力の 3 つの能力を養成するために，「特別テーマ実践科目」を開講する。2009 年度には，「水俣病」「国際浅草学」「明大商学部の広報戦略─企画・実践─」「もの作り戦略」などをテーマにした特別テーマ実践科目が開講されている。この取り組みにおいては，フィールドワークも含まれ，「教育の見える化」を目指し，授業の成果の社会への発信の取り組みも行われている。

2010 年 11 月 22 日の『日本経済新聞』において，本学の小川智由教授により，「特別テーマ実践科目」が紹介されている。そこで，導入当時の学生の傾向として，出された問題にはあらかじめ用意された正解があると思い込み，正解への近道を探そうとすることや，自分の答えが正しいかどうかを気にかけることが指摘されている。そこで，「特別テーマ実践科目」では，学生が提示された課題に対して，自分たちで問題点を見つけ，情報を集め，分析し，解決案を提案することになる。これは，学生の「社会人基礎力」を向上させるものである。「社会人基礎力」とは，2006 年に経済産業省が提唱したものであるが，社会が求める能力であり，前に踏み出し，考え抜き，チームで働く力である。

明大商学部は，2011 年より，「総合講座　産学共同就業力養成講座」を設置し，入学したばかりの 1 年生を対象に，企業からの課題にチームで取り組み，解決策を提案するという授業を行っている。その後，明治

大学出身の経済人の集まりである連合駿台会の協力を得て，授業に課題を提供してくれる協力企業を増やし，関電工，共同印刷，京王電鉄，ホテルグランドパレス，三井住友海上保険，山崎製パン，りそな銀行等から課題を提示してもらっている。それらの課題テーマをまとめたものが図表1-2である。

　また，現在は，科目の内容がより明確になるように，科目名称が「総合講座　フューチャースキル講座」（以下FS講座とする）に変更され，初年次教育の1つの柱と位置づけられている。「フューチャースキル」とは，将来を切り拓く能力を意味しているが，自ら問題を発見し，その課題を解決する力と，チームで課題解決のために取り組む力である。FS講座において，学生に対して，社会に向けてアンテナを張るという「気づき」の機会を提供している。FS講座の進行をまとめたものが図表1-3である。

　これにより，実学に接近し，実際の社会現象をふまえて学習と研究を行うことができるようになる。1年生がグループで課題解決のために，まず，示された課題を理解して分析を展開し，企業の方のアドバイスを途中で受けながら，企画をまとめる。その中で，学生は，グループの中で，時間を調整しながら作業を進めなければならないことや，自分たちの目線では気がつかなかったことがあることに気づくことになる。

　大学を選ぶに当たり，十分に自分の進路を考えた学生であっても，入学前に想像していた学びと，大学での実際の学びの違いに戸惑うことがある。また，高校までに，自ら主体的に学び，唯一の正解がないことを理解していない学生は，大学1年生の学びではなく，試験のために暗記する「高校4年生」の学びになってしまう。そこで，FS講座は，大学生として学ぶこととはどういうことかを学生に気づかせることを目的としているのである。

図表 1-2　連合駿台会の協力企業の課題テーマ一覧

協力企業	年度	課題テーマ
株式会社ホテルグランドパレス	2013	ネット通販の売上向上策
	2014	レストラン「カトレア」の売上向上策
	2015	産直市場「ホテ市」の集客増加策
	2016	国内のインターネット宿泊予約サイトで販売する「夏休みの宿泊プラン」を企画する
	2017	レストランの『プレミアムフライデー』商品を企画する
株式会社りそなホールディングス	2013	りそな銀行の経営戦略（事務コスト削減と店頭 CS 強化の同時実現）を踏まえ，りそな銀行の営業店の 10 年後の将来像を企画する
	2014	
	2015	
	2016	
	2017	
京王電鉄株式会社	2013	沿線における新しい生活サービスの提案
	2014	京王レールランド隣接遊休地の有効活用
	2015	多摩 NT への域外からの流入誘引施設の企画
	2016	今後公設学童の拡充が予想される中で，民間学童事業者として公設学童や競合他社との差別化を図るための新メニュー等の企画・策定
	2017	（前半）子育て世代をターゲットとした沿線定住につながる新規サービスの提案 （後半）京王プラザホテル多摩（京王多摩センター駅前）の区画を活用した地域活性化を促す事業
山崎製パン株式会社	2014	ランチパックの新商品開発
	2015	ランチパック拡販 （マーケティングの 4P をしっかり押さえてプレゼンする）
	2016	
	2017	
三井住友海上火災保険株式会社	2015	スマホアプリの新機能・サービス開発
	2016	1DAY 保険専用アプリの大学生向けマーケティング戦略を立案する
	2017	
株式会社関電工	2016	設備工事業の人材不足を解消する方策を検討する
	2017	
共同印刷株式会社	2016	お客様のマーケティング課題を解決する新規サービスを開発する
	2017	

図表 1-3　FS 講座の流れ

第 1 回	授業オリエンテーション（講座の目的）
第 2 回	社会・ビジネスを意識した大学生としての学び方〈グループ分け〉
第 3 回	社会・ビジネスを意識した大学生としての学び方〈マナー〉
第 4 回	テーマ企業 A〈1〉（企業のゲストスピーカーからの課題説明）
第 5 回	テーマ企業 A〈2〉（中間発表会に向けたディスカッション）
第 6 回	テーマ企業 A〈3〉（ゲストへの中間発表会，情報収集）
第 7 回	テーマ企業 A〈4〉（最終発表会に向けたディスカッション）
第 8 回	テーマ企業 A〈5〉（ゲストへの最終発表会，講評）
第 9 回	プレゼンテーションの振り返りと今後の対応
第10回	テーマ企業 B〈1〉（企業のゲストスピーカーからの課題説明）
第11回	テーマ企業 B〈2〉（中間発表会に向けたディスカッション）
第12回	テーマ企業 B〈3〉（ゲストへの中間発表会，情報収集）
第13回	テーマ企業 B〈4〉（最終発表会に向けたディスカッション）
第14回	テーマ企業 B〈5〉（ゲストへの最終発表会，講評）

Part.1 What is Active Learning?

4 グローバルに活躍するために

本節では、グローバル社会で活躍するために、アクティブラーニングを通じて身につけてほしいことを確認する。

現在、日本の社会では、グローバルで活躍できる人材が求められている。そのために、英語能力が必要なのは言うまでもない。しかしながら、それだけでは、不十分である。確かに、英語は、大学で身につけた専門知識と教養を活かすために必要なものである。自分の考えをいかにうまく外国の相手に伝えることができるのか。そう考えれば、英語をはじめとした外国語の知識を習得することが重要であるばかりでなく、日本語か外国語かにかかわらず、自分で自分の考えをまとめ、それを相手にうまく伝えられるようになることも大切であることがわかるだろう。

伝える方法は、口頭の場合もあれば、文章の場合もある。これまでの学びであった小論文や英作文も、本来は自分の意見を伝えるためのものであり、試験で高い得点をとるためのものではない。高校の英語のスピーキングの授業も、自分の考えを上手に伝えるためのものである。ただ、より深く、より相手と同じように言語を操りたいと思えば、その言語を使っている人たちの歴史や文化を理解することも重要になる。

さらに、自分の意見を正確に伝えるために、その意見の客観的な裏付けとなる資料やデータを示すことが必要である。客観的な事柄は、主観的なものとは異なり、どこの国の人であっても、また、どのような立場の人であっても、同じように理解できるからである。

プレゼンテーションも、自分の考えを理解してもらうために有効な方法である。単に、言葉だけでなく、グラフや表を示したり、写真を利用

したりすることもできる。

　自ら課題を見出し，解決策を求め，様々な資料を分析し，時には，一緒に学んでいる仲間と意見を交わしながら，自分なりの解決策をまとめ，プレゼンテーションを行う。このことは，決して，日本の大学での学びだけに有効なものではない。留学をして，海外の大学で学ぶ際にも有効である。

　現在，大学ばかりでなく，小中学校からアクティブラーニングが活用されるようになっている。そこで重要なことは，アクティブラーニングという教育方法が利用されていることではない。学生自身が主体的に学ぼうとする意欲があるかどうかが重要である。この点は，留学でも同じである。海外の大学に留学しても，主体的に学ぼうとしなければ，得られるものは小さくなるばかりか，留学先に対して否定的な感情だけが残ることになる。学生が大学での学びを単に学期ごとの単位の修得を目的にするのではなく，自分自身の人生を切り拓くためのものであることを自覚し，主体的に学ぶことが重要なのである。

参考文献

Bleicher, K. [1959] The Use of Active Learning-Methods in Management-Training, *Zeitschrift fur Betriebswirtschaft*, Vol.29, No.7, pp.432-442.

Cohen, B.A., P. Baepler, J.D. Walker, D. Christopher, and C.L. Petersen [2016] *A Guide to Teaching in the Active Learning Classroom: History, Research, and Practice*, Stylus Pub LLC.

Dewing, J. [2010] Moments of movement: active learning and practice development, *Nurse Education in Practice*, Vol.10, No.1, pp.22-26.

Halpin, D. [1979] Accountability, Answerability and the Reporting of Active Learning Time, *British Journal of Teacher Education*, Vol.5, No.3, pp. 199-217.

Omelicheva, M.Y. and O. Avdeyeva [2008] Teaching with Lecture or Debate? Testing the Effectiveness of Traditional versus Active Learning Methods of

Instruction, *Political Science and Politics*, Vol.41, No.3, pp.603-607.
Pfeffer, J. and R.I. Sutton [2010] *The Knowing-Doing Gap: How Smart Companies Turn Knowledge into Action*, Harvard Business School Press.（長谷川喜一郎監訳『なぜ，わかっていても実行できないのか』日本経済新聞出版社，2014年。）
Prince, M. [2004] Does Active Learning Work? A Review of the Research, *Journal of Engineering Education*, Vol.93, No.1, pp.223-231.
Revans, R. [1981] The Nature of Action Learning, *OMEGA - The International Journal of Management Science*, Vol.9, No.1, pp.9-24.
Sandel, M. [2009] *Justice: What's the Right Thing to Do?*, Penguin Books.（鬼沢忍訳『これから正義の話をしよう』早川書房，2010年。）
佐藤智恵［2013］『世界最高のMBAの授業』東洋経済新報社。
杉山成・辻義人［2014］「アクティブラーニングの学習効果に関する検証-グループワーク中心クラスと講義中心クラスの比較による」『小樽商科大学人文研究』第127号，61-74頁。
中山留美子［2013］「アクティブ・ラーナーを育てる能動的学修の推進におけるPBL教育の意義と導入の工夫」『21世紀教育フォーラム』第8号，13-21頁。
福原正大［2013］『ハーバード，オックスフォード…世界のトップスクールが実践する考え方の磨き方』大和書房。
松本浩司・秋山太郎［2012］「大人数授業におけるアクティブ・ラーニングの実践開発とその教育効果に関する検討」『名古屋学院大学研究年報』第25号，1-39頁。
明治大学商学部編［2013］『これが商学部シリーズ Vol.4 世界の大学の先端的ビジネス教育—海外への多様な扉—』同文舘出版。
山崎繭加［2016］『ハーバードはなぜ日本の東北で学ぶのか：世界トップのビジネススクールが伝えたいビジネスの本質』ダイヤモンド社。
山地弘起・川越明日香［2012］「国内大学におけるアクティブラーニングの組織的実践事例」『長崎大学大学教育機能開発センター紀要』第3号，67-85頁。

This is Active Learning

第2講

グループで学ぶ

1. 社会で活躍するためには
2. アクティブラーニングで行われる様々な活動
3. グループ活動への気付き

Part.2 Learning in Groups

1 社会で活躍するためには

大学は，社会に出る最後の教育期間となる。その学びのために社会での期待とは何かを確認して活躍につなげてほしい。

　第1講を読み進め，わくわくした気持ちになってはいないだろうか。"アクティブラーニング"という言葉を理解することにより，これから大学で主体的な学びを受けることへの期待，その大切さをひしひしと実感することだろう。

　この講以降では，アクティブラーニングで学ぶことにより取得できる力とその学び方のポイントについて説明を行う。まず，最初にアクティブラーニングとこれまでの学習の一番大きな違いとなる"グループで学ぶ"というポイントから考えていく。

　大学で学ぶ目標は様々だろう。しかし，多くの人にとって"社会で活躍する"ことは目標に値しよう。家族や教員も多くの学生が社会に出て，活躍してくれることを願っている。この"社会で活躍する"ために必要な力の取得にアクティブラーニングが有効となる。その説明のためにまずは，"社会で活躍する"ために必要な力とは何なのかを考える。

1. 高校までの学びと大学での学びの違い

　高校までの学びそして，その学びへの評価はどうだっただろうか。おそらく1人ひとりが学んだことの習熟度に関して，中間テストや期末テストなどで評価されてきただろう。

　つまり，以下のことを評価されていたと思う。

① 教員が指導したこと（=「学ぶ内容」）に対する
② 習熟度（=テストでの点数）がどのくらいまで来たのか

① 「学ぶ内容」は，教育されている内容を指す。
　これまで多くの先人たちが気付き，まとめ，磨いてきたことをその流れにそって習っていくことになる。少し誤解を生じさせてしまうかも知れないが，シンプルに言うと答えがすでに見つかっていることをしっかり知ること，自分のものにすることと考えられる。
② 一方，「習熟度」は，「学ぶ内容」をどこまでしっかり学び切れているのかを確認することとなる。つまり，どの「学ぶ内容」は自分で活用できるようになったのか，どの「学ぶ内容」は習得が不足しているのかを確認することである。そして，個々のレベルを確認することで，今後習熟レベルを上げていくためにどのような教育方法や進度が適切かを考えていくことになる。

　つまり，高校までの学習方法で，多くの「学ぶ内容」の「習熟度」を高めることにより，いわゆる"知識"を自分のものとして来たのである。
　次に，大学での学びを考えていく。そのために，先ほどの"社会で活躍する"という目的を確認しよう。なぜなら，義務教育そして高校と異なり，大学は多くの人にとって社会に飛び立つ前の最後の学びの期間となるからである。このことは，社会で必要と考えられる力を身に付ける準備をこの大学の期間に完了させなければならないということを指す。このため，まずは社会というビジネスの現場で必要な力について考え，その力を手に入れるための教育はどんなものなのかについて考える。

2. 社会で求められる評価とは

　義務教育そして高校までの学びと異なり，大学は多くの人にとって社会に飛び立つ前の最後の学びの期間となる。このことからまずは社会（ビジネスの現場）での評価について先に考える。

　様々な進路があるが，ここでは，トヨタやパナソニックなどのようなメーカーで働くことを想定する。企業にとって評価が高いのはもちろん企業が社会から認められることに貢献してくれた社員である。

　社会から企業が認められるために貢献をしてくれた社員とは，営業部門であれば商財の魅力を伝え，売り上げという実績をもたらしてくれた社員，開発部門であれば社会から認められる商財を開発してくれた社員，製造部門であればロスなく，正確に商財を生産してくれた社員，広報部門であれば企業および商財のイメージを高めてくれた社員ということになる。

　つまり，社会から企業が認められることへの貢献は，それぞれの部門において，商財というお客さまに評価いただくものをみんなで高めていく活動に対して貢献することになる。この高めていくという活動を行うためにマーケットが望んでいるニーズを把握し，そのニーズを満たすために課題を抽出して，その課題を解決するということが必要となる。

　このことは，営業部門であれば自社の商財・サービスでニーズを満たせるということを実感できる提案を行い，製造部門であれば開発部門がニーズを満たすために開発した商財・サービスを求められるスピードを満たし，物流部門と共に確実にお客さまの手に届けられるように提供するということを指すのである。

3. 社会で求められる「考えを構築する力」

　このニーズを満たすことの実現に必要な力は何だろうか。先の項で確認した高校までの学びで蓄積することができる"知識"だけではマーケットのニーズに対して訴えることはできない。なぜなら，マーケットはすでにあるものではなく，新しい可能性を求めているからである。このため，その"知識"を動員し，1人ひとりの異なる経験を活用した新しい商財・サービスについて「考えを構築する」という力が今後，必要となっていくのである。
　この「考えを構築する」力とはどのようなものか考えよう。
　「考えを構築する」とは，社会において存在する様々な声やデータ（販売結果，等）から有益な情報を組み立て，何が課題となっているのかを導き出し，その課題をどのように解決していくのかを考えることである。すなわち，先ほどまでの例を活用して確認すると，自社の商財・サービスがお客さまにどのように認知され，店頭でお客さまにどのように見えており，どのように評価されているのかを確認し，さらに売り上げを上げるためにはどのような課題が存在するのかを抽出し，商財の魅力が不足しているのであれば開発部門，認知が不足している，店頭でのアピールが不足しているのであれば広告・広報・販促部門，お客さまが求める量の不足，納品のスピードに課題があるようであれば物流部門と協力し，その課題を解決する方法を構築することになる。
　このように「考えを構築する」ことは"知識"だけではできず，また，1人だけでできることではない。様々な部門のメンバーと協力しなければその実現は不可能で，お客さまの声を聞くことを疎かにしては課題にすら行き着くことができない。また，メーカーとして機能だけではなく

卸や小売といった機能がなくては商品をマーケットに届けることはできない。そのことは小売業にとっても同様でメーカーが商品を創り，物流会社が届けてくれなければ販売もできない。そのそれぞれの繋がりのどの部分に課題があり，マーケットのニーズ実現を妨げているのか，工夫が必要なのかを考えるためには社外のメンバーとの協力も不可欠となる。

このように社会に出ると多くのメンバーと協業することによって実現された商財・サービスで評価されることとなる。このことは協業による課題解決こそが社会の評価基準であることを指しており，高い評価を得るためには，協業する力を修得し，様々な力を結集して課題を解決する力が必要となることを表す。

4．大学で必要な学び

社会で必要とされる力が理解できた今，もう一度社会に出る最後の教育機関である大学に戻って，大学で必要と考えられる学びについて確認しよう。

これまで，高校までに1人ひとりが大きな努力を重ね，本当に多くの"知識"を学び，習熟度をはかり丁寧にその精度を高めて来ただろう。そのことはこれからの活躍のために必要不可欠なものになる。

しかし，自転車の両輪のようにもう1つ必要な力が存在する。その力こそが，社会で必要な力として確認してきた「考えを構築する」力である。その力を発揮するためには多くの部門，メンバーと協力が必要である。つまりこの新しく習得しなければならない力を習得するためには，他の人たちと一緒に考えを構築していかなければならないのである。

すなわち，ここにこの講のテーマである「グループで学ぶ」ことの本

質がある。アクティブラーニングでは，教員から教わるだけではなく，主体的に答えを出すことが重要な要素である。しかし，その要素に加えて「グループで学ぶ」という体制を実現しなければ，その主体性は独りよがりなものとなり，答えは実現されない。

　このため社会に出る前の最後の教育機関である大学で「グループ」で主体的な学びを通じて「考えを構築する」力を付けなければならないのである。

Part.2 Learning in Groups

2 アクティブラーニングで行われる様々な活動

アクティブラーニングを進めるために必要なプロジェクトプロセスを確認する。

　ここでは一般的なアクティブラーニングとして取り組まれる活動について説明を加える。

　ここでは，企業から具体的なテーマを与えられ，その解を導き出すというProject形式による講義を題材にしたい。この講義はアクティブラーニングで主体性をもって学生が取り組むことにより多くの気付きを得ることを目的とするのであるが，取り組むべき内容は，通常，①調べる（リサーチ）→②考えを構築する（ディスカッション，ロジカルシンキング）→③伝える（プレゼンテーション）という3つのステップに大別される。

1．調べる（リサーチ）

　通常の講義であれば，教員がすでに計画を立て，考えるための材料を準備している。しかし，アクティブラーニングにおいては，どのような調査結果を活用して考えていくかについても学生それぞれが主体的に習得して行わなければならないのだ。

　この段階において得られた情報の量と質がこの後のプロセスに大きく影響を与えることになるのである。

2. 考えを構築する（ディスカッション，ロジカルシンキング）

　材料となる情報をリサーチから得たらいよいよ考えを構築するという段階に入る。アクティブラーニングでは，これまで習ってきた数学や物理のように解き方を教えてもらうようなことも，引いては正しいという絶対的な答えすら存在しないのである。
　このため，教員ができるサポートは考え方，そのヒントを提示することしかできない。主体的に解となる考えを構築していくしかないのである。

3. 伝える（プレゼンテーション）

　最後が伝えるというプロセスである。
　プロジェクト形式で行われる場合，最終的に導き出した解を評価するのは教員ではなく，そのプロジェクトを必要と判断した依頼者（プロジェクトオーナー）となる。
　アクティブラーニングはあくまで教育の一手法であることから教員は途中経過をすべて見ている。このため「よくがんばった」という経過に対する評価を加味することも可能となる。しかしプロジェクトオーナーは最後に解を聞き，評価を行う。つまり，プレゼンテーションで伝えた内容以外の部分は評価できない。最後のプロセスとなる伝えるというプロセスにおいてどのような資料でどのように伝えるかがプロジェクトオーナーの評価には大きく影響することとなる。
　このようなプロセスは，実際に企業の中で取り組まれているプロジェ

クトプロセスと大差は無い。

　第1講で伝えた明治大学商学部の取り組みでは，企業から実際に必要としているテーマを提供いただき，題材としているため，当然中途半端な対応とすることもできないのである。このため，アクティブラーニングはもちろん，Project自体初めてのトライとなる1年生にとっては困難な取り組みとなり，多くのチームが非常に苦戦する。

　しかし，この苦戦の経験を得ることこそがアクティブラーニングの本質であり，グループを始め多くの関係者を巻き込み「考えを構築する」という力を身に付けるための重要な気付きとなると考えている。

　第1節で確認してきたポイントと照らしてアクティブラーニングでの学びを構築すると①「学ぶ内容」に対する②「習熟度」による評価で築き上げてきた"知識"を③自ら「考えを構築」することにより活用するということをこの段階で取り組むこととなるのである。

　すなわち，"知識"を得ていくというこれまでの学びの形式に加えて，未来に対して自らの考えを構築し，問うていく姿勢を得ることにより大学生活および社会に出てからの飛躍に大きな差が生まれてくると考えている。

Part.2 Learning in Groups

3 グループ活動への気付き

第2節で確認したプロセスをグループで取り組むことの意義を確認する。

アクティブラーニング形式で学ぶことにより，社会で活躍できる素養が得られることはここまでで理解できたのではないだろうか。

では，次にアクティブラーニングで学び多くの気付きを得るために必要なポイントを考えていく。

その1つ目は，ここまで何度か説明を行ってきた「グループ」による活動の必要性である。「グループ」で取り組むことの必要性は①量的な側面はもちろん，②質的な側面からも必要である。

その「グループ」での活動の必要性に理解を得たうえで，最後にどのようにその「グループ」活動を活用していくのか，具体的にそのポイントを説明する。

1. 量的な側面：多くの意見を手に入れることの大切さ
　　　―社会に出るといろいろな人がいる―

当然，社会に出たときマーケットとして対象となるお客さまはいろいろな要素をもっている人がいる。そのようないろいろな人から有益な情報を得るための一番の方法は，それぞれの人，1人ひとりにしっかり向き合い意見を聞くことである。そのインタビューの中から有益な答えを導き出すことは有効な手段となる。

しかし，時間は有限である。1人ひとりに与えられた時間は当然，限られている。たとえば，プロジェクトでお客さまの声をアンケートで聞き取りたいと考えた場合，できる限り多くの方にアンケートを行うことが大切である。しかし，プロジェクトには期限もある。そのような場合，もしこれまでのように1人で学ぼうとしていたとするとプロジェクトメンバーはもちろん1人だけである。自分のがんばれる範囲内での母数しかアンケートを取ることはできない。しかし，5人のグループで行った場合はどうか，1人ひとりは同じアンケートの募集数であったと仮定しても，5倍の母数での分析が可能となる。当然，個人のモチベーションの差による取り組み度合いの違いやWEBのようなITを活用することによる効率化といった別の議論はあるが，物理的には想定できよう。別の言い方をすると1人で5日かかったアンケートは5人いれば1日で対応可能となる。

　もちろん，企業で多くのメンバーを得ようとするとそれだけコストが必要となることを考えないといけない。しかし，先ほど確認した通り，社会に認められることが企業の重要な要素だとするとコストを考慮したうえで最も効果を高めることができるメンバーをアサインメントすることは必要不可欠である。

　このようにまずは量的な側面から考えても課題解決において「考えを構築する」ためには，個人として取り組むのではなく，「グループ」として取り組むことが求められるようになる。このことを経験して，気付いたうえで社会に出るためには，早い段階に「グループ」活動を行い，体験することが近道である。ぜひ，大学生という期間に体験してほしい。

2. 質的な側面：効果的な情報を効率的に収集することの大切さ

　次に，質的な側面からの「グループ」としての活動の必要性について考える。ここでは一度，工場を思い浮かべてみよう。多くの工場ではそれぞれの役割が定まりその役割ごとに技能を高めることを行っている。このような形を組織化という。たとえば，Ⅰ：木の皮を剥き，Ⅱ：木を適切な大きさに切り，Ⅲ：その木に穴をあけて，Ⅳ：穴の中に部品を入れて，建築資材を完成させるというプロセスがあったとしよう。このプロセスの生産性を上げようとした場合には，このプロセスの工程をすべて1人で行い，4つのラインを構築するやり方とプロセスの4つの工程ごとに1人の担当を置き，その工程の技能を上げることの2つの方法が想定される。

　その方法ごとの生産性向上の成否には，モチベーションの観点など様々な視点からの検討が必要ではあるが，一般的には工程ごとの技能に集中できるため能力開発が短期間で済むことから後者の方が効率的と考えられる。このことは，企業が業務活動を行う中で部門を設置していることにも表れている。それぞれの部門がどのような業務を行うことかを明確化し，その業務を効果的・効率的に行うためにはどのような技能が必要なのかを考え，社員1人ひとりが担当する必要な技能を習得する。

　たとえば，人事部門であれば採用，異動，給与，各保険手続き等，多くの業務がある。特に保険手続き等は，法的に定められた手続きに対応しなければならない。このような業務をAさんが採用〜各保険手続きまですべてを行うとすると当然，各保険手続きについて対応する件数は少なくなり，その度に法律の変更の確認や手続き用紙への記入要領を確

認しなければならず，多くの無駄な作業が発生してしまう。

　一方，それぞれの業務に担当を決めて行うようにした場合，その業務を行う機会も増えることから知識を蓄積，ノウハウの吸収が可能となり，効率的に取り組むことが可能となる。つまり，企業活動を行うことを「グループ」として考えると構成する1人ひとりの役割を明確に定義することにより効率化を実現しているのである。しかも，その組織化は，その業務範囲における個人の能力を高めることとなる。

　このことは，自社の商財・サービスの売上高を高めるような全社的な取り組みを行うProjectを実施する場合，営業部門からAさん，開発部門からBさん，製造部門からCさん，物流部門からDさんとそれぞれの部門から1名が代表して参画することにより，それぞれの部門の情報を効率的に集約することを可能とする。

　このように「グループ」で活動を行うことにより多くの情報が得られるようになるという量的な側面だけではなく，それぞれの情報の質も高まることになる。

　たとえば「グループ」で何かを取り組もうとした時に，積極的にリーダーシップを取ってくれる人やパソコンが得意でまとめることが上手な人が居て，助かった経験はないだろうか。このように「グループ」で取り組むということは自分の力を活かし，他のメンバーの力を活かすことができ，助け合える有効な手段となる。

　おそらく，このように話をすると多くの方は「私は組織に属したことは無いぞ」「私にはそんな技能はないなあ」という感想をお持ちになるかも知れない。もちろん，大学に入学したばかりでも高い技能や知識を持ち，活躍できる方も居ると思うが，誰しもがそのような状況にあるとは思えない。

　しかし，高校生活を振り返ってみると，どうだろうか。ある人は体育

会野球部で甲子園を目指して，ボールを追った経験があり，ある人は書道を極めようと多くの出展を続けているかも知れない。また，ある人は地域の方々との接点を大切に考えて，毎朝のあいさつをかかさない気持ちの優しい人かも知れない。そのようなメンバーで「グループ」活動をした場合，体育会のメンバーが居ると物怖じせずにアンケートを多くとってくれるかも知れず，リーダーシップも高いかも知れない。また，書道が得意なメンバーは資料構成力があるかも知れない。また心優しいメンバーが居ることで険悪なディスカッションにならなかったり，気難しい方へのインタビューに成功するきっかけになるかも知れない。

　これまでの人生に全く同じことに取り組んできた人はいない。したがって，必ず1人でProjectを行うよりも「グループ」で活動することにより取り組みの質は高まるのである。

　このように質という側面からも「グループ」で活動に取り組むことを経験しておくことは，社会に出た際の成果を高めることを可能とすると言える。

3.「グループ」で活動を行う際に押さえるべきポイント

　このように社会で成果を上げるために，ぜひとも大学生の期間で「グループ」で活動することを体験してほしい。もちろん，失敗をたくさんして気付きを次回以降に活かすことも重要であるが，どのような点に留意して体験することにより学びの効果が増すのか，そのポイントを知っておくことも重要である。おそらく「私がキャプテンだったチームは日本一仲が良かった」「最高の音楽会ができた」というような良い思い出のある人は，「グループ」としての活動が大きな効果をもたらすことを

充分理解できるだろう。

　しかし，「高校での部活でうまくいかなかった」「文化祭の取り組みを考えている間にチームがバラバラになり，悪い思い出が残っている」「私ばっかりが大変で，二度とやりたくない」等，辛かった，失敗した，というような思い出をもっている人もいるはずである。しかし，これまで述べてきた通り，社会で成功するためには「グループ」ひいては社会とかかわることは必須なのである。ぜひ，ここで確認するポイントを踏まえることで，これまでの失敗体験も1つの事例として活かし，成功体験を重ねていってほしい。

　1人ひとりで何かを覚えるような勉強とは異なり「グループ」活動のような関係性を伴う取り組みは経験が必要である。成功したら何が良かったのかを考え，失敗したら何が失敗だったのかを考える。すなわちポイントを確認して，次回以降の糧にする。この繰り返しでしか「グループ」活動を行う力を高めることはできない。

　それでは，「グループ」活動を行ううえでポイントとなることを考えていこう。

　もう気付いていると思うが，「グループ」活動を行う以上，自分と共に他の人が取り組みに参画するということになる。この参画により「グループ」で活動を行うことは，個人での取り組みよりも成果が高まる。つまり，メンバーの力を結集することが重要となる。

　この結集のための取り組みこそが「グループ」活動を体験する中で身に付けてほしいポイントになる。そのポイントは以下の2点に集約される。

　　ポイントⅠ：成果目標を共有すること
　　ポイントⅡ：進み方を共有すること

まずポイントⅠの「成果目標を共有すること」から説明する。このことはGoalを明確化させることと言える。「どのような目的のために「グループ」活動を行うのか」，このことを明確化しなければ，「グループ」活動は成り立たない。「グループ」として，想定している成果は何なのか，「グループ」としての存在意義を共有しておかなければならないのである。詳細な説明は第3講に譲るが，この目標こそが「グループ」活動を有効に行ううえで最も大切と言える。

　次に，ポイントⅡの「進み方を共有すること」を説明する。このことは，スケジュールを明確にしておくことを意味する。自分1人だけであれば自分の頭の中で適宜，他のスケジュールも把握できているので，臨機応変に重要度を勘案して，行動に優先順位を付けることは可能である。

　しかし，「グループ」で活動することは多くのメンバーの参画を意味する。メンバーがそれぞれ好きなことをやっていたのでは，重複する作業も出たり，誰も手に付けない作業が出たりして，ムダやムラが生じる。これでは"船頭多くして船山に登る"の例え通り，結果的に力を分散させてしまう。

　力を結集するためには，誰が何をいつまでにやるかというスケジュールを明確化し，進み方を共有しなければならない。単純にスケジュールといっても詳細さ等，いろいろなレベルがあるが，次の2点を大切に経験してもらいたい。

　1点目はGoalに向かってのメルクマール（指標）を置くということである。メルクマールとはどのようなものだろうか？　たとえば，クリスマスパーティーを成功させたいというProjectがあったとする。当然，Goalはクリスマスパーティーの実施である。その場合，クリスマスパーティーを成立させるために必要なものとして，参加メンバーの選定は

もちろん，プレゼントの準備，会場や食事の手配，等決めなければならない要素が決まってくる。

また，当然であるが，12月25日に行うからこそクリスマスパーティーなので，その日から逆算すると，「参加メンバーはいつまでに決めなければならない」，「メンバーごとのプレゼントはいつまでに決め，いつまでに会場に配送しなければならない」，「会場への食事の依頼期限はいつである」というふうにそれぞれの要素ごとにいつまでに対応しなければならないのかという期限が定まってくる。

このようにGoalの実現のために必要要素とその期限が決まっているものが，メルクマールと呼ばれる。このメルクマールがあれば，メンバーに役割を決めることができる。参加メンバーおよびプレゼントの選定については，全員で決めるが，その後，Aさんは会場選定を行い，Bさんはプレゼントの手配，Cさんは参加メンバーへの通知を行うというのが担当である。

要素	詳細項目	担当	12月4日	12月11日	12月18日	12月25日
メンバー選定						
	メンバー確定	全員	●			
	通知完了	Cくん		●		
プレゼント準備						
	プレゼント確定	全員		●		
	手配完了	Bくん		●	●	
	配送完了	Bくん				
会場準備						
	会場手配完了	Aくん		●		
	会場飾付完了	全員				●
食事準備				交渉により変更		
	食事手配	Aくん		●→	●	
	配膳完了	全員				●

図表2-1　クリスマスパーティー計画書

ここまでの話をまとめると，図表2-1のようになる。

このようにGoal，メルクマール（要素と期限），担当が揃ったスケジュールがあれば，「グループ」として，誰がいつまでに何をするのかが明確となり，メンバーの動きが可視化される。このことにより作業のムダやムラも明確となり，遅れが生じた場合でもメンバー全体での把握が可能となり，力の結集を実現することが可能となる。スケジュールにより「グループ」での効果的な活動が実現される土台となる。まずこのことをアクティブラーニングの場で体験し，社会で成功するために必要な1つ目のポイントを掴んでほしい。

この後の各講で順にポイントが説明されるが，アクティブラーニングの形式でこの「グループ」として活動することは，教員が過去の事例から得たこと，もしくは（教員自らの）自分の経験を伝えるのではなく，学生が主体的に「グループ」で活動することにより得られる経験である。メンバーみんなの力を結集して「グループ」でProjectの目標実現を目指して取り組む。おそらくそれぞれのグループで様々な成功・失敗が起きるだろうが，そのこと1つひとつが大切な経験に他ならない。その経験からは成功，失敗にかかわらずたくさんの気付きが得られるはずである。その体験を通して，自分の取り組みやすい形を見つけ出していける。

繰り返しになるが，社会で成功するためには「グループ」で取り組むことは必須である。その「グループ」での取り組みを成功させることができるかどうかは将来に大きな差を生む。失敗が糧となる大学生の間に多くの「グループ」活動を行い，教訓を得たうえで，社会への第一歩を踏み出すことが大事である。

This is Active Learning

第3講

課題を理解する

1. 課題の全体像を把握する
2. 課題をより深く理解する
3. 5W1Hを深堀する
4. よくない質疑

Part.3 Understanding Issues

1 課題の全体像を把握する

本節では講師から示された課題の全体像を大まかに把握するために有効な方法を解説する。

課題は短い文として示されることが多い。情報量が少ないだけにその真意を含む全体像を把握するのは意外に難しい。

そのようなときに有効な方法は「文節分け」である。中学国語で習った文法だが覚えているだろうか。「文節」とは最小限に区切った言葉のことである。幼い子供がしゃべるときのように，それぞれの言葉の後ろに「ネ」や「サ」，または「ヨ」を当てはめて文章が成立するということが目安となる。「あのネ，きょうネ，Aちゃんがネ，おもちゃをネ，こわしたの。」といった具合である。いくつか例を使って考えてみよう。

（例1）A社の製品Xシリーズにふさわしい新商品を開発せよ

これを「文節分け」すると，次のようになる。

A社の	製品Xシリーズに	ふさわしい	新商品を	開発せよ

このように分解することによって，次のようなことが解読できる。

- A社の……この課題はA社にとって有益な解決策（この場合は新商品の販売利益の獲得）を求めている。
- 製品Xシリーズに……製品Xは共通のコンセプトや仕様をもつ製品群のことである

- ●ふさわしい……検討すべき新商品は製品Xのコンセプトや仕様を共有するものでなければならない
- ●新商品を……解決策として提案する商品はこれまでにない商品でなくてはならない
- ●開発せよ……既存製品の模倣、追随ではなく革新的な新商品でなくてはならない

> (例2) 10年後に顧客満足2倍を実現するB社の営業店舗のあり方を示せ

これを「文節分け」すると、次のようになる。

| 10年後に | 顧客満足2倍を | 実現する | B社の | 営業店舗の |
| あり方を | 示せ |

このように分解することによって、次のようなことが解読できる。

- ●10年後に……10年後の政治・経済・社会・技術環境に適合した提案でなくてはならない
- ●顧客満足2倍を……解決策によって達成すべき目標は顧客満足を現在の2倍にすることである
- ●実現する……理想論ではなく、実現可能な解決策であることを求めている
- ●B社の……この課題はB社にとって有益な解決策を求めている
- ●営業店舗の……事業のしくみや商品ではなく、営業店舗が検討対象である
- ●あり方を/示せ……営業店舗のあり方(立地、規模、数、施設・設

備，意匠，機能等）の検討を求めている

> （例3）限界集落C地区の／住民の／将来不安を／軽減する／事業を／立案せよ

これを「文節分け」すると，次のようになる。

限界集落C地区の	住民の	将来不安を	軽減する	事業を
立案せよ				

このように分解することによって，次のようなことが解読できる。

- 限界集落C地区の……C地区は限界集落であることを前提とした解決策を求めている
- 住民の……C地区の住民にとって有益な解決策を求めている
- 将来不安を……現在すでに何らかの将来不安があることが前提である
- 軽減する……解決策によって達成すべき目標は将来不安の軽減である
- 事業を／立案せよ……抽象的な政策ではなく，具体的な行動を伴う事業の立案を求めている

「文」を「文節」に分解することによって課題の全体像が把握しやすくなることがわかるだろう。この文節分けと解読の作業の過程はすべて文字にして書き出し，保存し，これ以降の話し合いを進める際にいつも手元に携えておくことをお勧めしたい。話し合いが行き詰まったり，意見が発散しすぎたりしたときに，「そもそも，私たちはどんな課題に取り組んでいるのか」という原点に立ち返って，議論をリフレッシュすることができるからである。

Part.3 Understanding Issues

2 課題をより深く理解する

本節では，講師が示した課題に含まれる重要な要素である"対象・範囲"および"5W1H"の確認方法を解説する。

1. 課題の対象・範囲

　講師が示す課題に含まれる条件のすべてが絶対条件（譲れない条件）というわけではない。大まかな条件は示しているが，細かいことは学生による創意工夫の余地があるという場合もしばしばある。

　たとえば，「新規の子育てサービスの開発」という課題において，「未就学児とその親を顧客とする。」という講師が示した条件に対して，学生が顧客層を「4歳以上の未就学児」に絞り込むことはあってもよい。むしろ，そのような創意工夫が期待されていると考えてもよいだろう。もちろん，「未就学児とその親を顧客とする。ただし，未就学児は全年齢を対象とする。」という条件が示されていたとすれば「4歳以上の未就学児」に限定するのは課題が示した条件としての対象を逸脱していることになるので許されない。

　またたとえば，「10年後の社会を踏まえて提案せよ。」という条件が示されたとする。この場合，10年後の技術動向に着目するか，経済動向に着目するか，あるいはその他の分野に着目するか，その範囲は学生に委ねられていると考えてよいだろう。もちろん，「10年後の社会を踏まえて提案せよ。ただし，IoT（モノのインターネット）の動向については特に重視すること。」とされていれば，IoTに関する動向は必須条

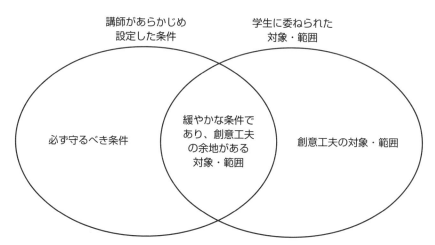

図表 3-1　課題の対象・範囲

件とすべきであるが，その他の分野における動向については学生の創意工夫に委ねられていると解釈してよい。

　講師が示した条件がどのような対象・範囲に及ぶのかについては，講師にしっかり質疑して確認するよう努めたい。また，その質疑は次項で解説する 5W1H の確認をしながら行うのが効果的である。

2. 5W1H の確認

　本項では，講師から示された課題の対象・範囲に関わる条件を質疑するにあたって有効な 5W1H の確認方法について解説する。たとえば，次のようなきわめて抽象的な課題が示されたとしよう。

（例 4）私が幸せになるためには何をすればよいかを明らかにせよ。

　まず「文節分け」をする。

私が	幸せに	なるためには	何を	すれば
よいかを	明らかにせよ			

- 私が……「私」にとって有益な解決策を求めている
- 幸せに／なるためには……解決策によって達成すべき目標は「幸せになること」である
- 何を／すれば／よいか……解決策として「私」がなすべき具体的行動を求めている
- 明らかにせよ……解決策として「私」にもわかる行動，できる行動を求めている

　このように文節分けをしても，なお抽象的過ぎて全体像の掴みどころがない。しかも，幸せになるための条件などというものは時代や社会，地域，個人などによってそれぞれ異なるとしか言いようがない。課題として明示された言葉を文字通りに受け止めるだけであれば解決策（答）は無限にあるということになり収拾がつかない。
　講師が一定の価値を認めることができる解決策を導き出すためには，課題には表されていない条件を確認することが必要だということがこれで理解できるだろう。
　そこで，この課題を構成する「5W1H」の抽出を試みる。
　「私が幸せになるためには何をすればよいかを明らかにせよ。」という課題を構成する5W1Hは次のように書き出すことができる。

- なぜ，幸せになるための条件を問いかけたのか（WHY）
- 誰が，幸せになるための条件を知りたいのか（WHO）
- 何が達成されれば，幸せになれるのか（WHAT）
- いつ，幸せになりたいのか（WHEN）

●どこで，幸せになりたいのか（WHERE）
●どのようにして，幸せになりたいのか（HOW）

　次に，図表3-2のように5W1Hについて明確になっていることと，不明確なこと，またそれに応じて対応すべきことを整理してみる。このように整理すると，5W1Hの中でその内容が読み取れないもののうち，講師に質疑すべきことと，学生が考えるべきこととに峻別することができる。

　ここで重要なことの1つは「学生が考えるべきこと」を峻別することである。もし学生が「講師が幸せになるためにはどうすればいいと思いますか」と質疑したとしよう。講師は「それは君たちが考えるべきことです」と応答するに違いない。これは"よくない質疑"である。なお，"よくない質疑"については第4節で解説する。

　それでは早速，講師との質疑を始めるとしよう。その結果は図表3-3のようなものだった。

　ここで重要なことは，「なぜ，幸せになりたいと思ったのですか（WHY）」の質疑に対しては「いま幸せを実感していないからです」という抽象的な応答しか得られなかったものの，「講師にとって幸せとはどのような状態ですか」の質疑対して「結婚して子供もいて仲良く健康に生涯を過ごすこと」ことを目標にしていることが明確になったことである。これにより，それが解決していない（達成されていない）ことがWHY，つまり幸せになりたいと思っている原因（動機，背景）であるということが理解できたということである。ただしその一方，「では，なぜいまそれが達成できていないのか」との疑問が新たに生じる。これはさらに質疑する必要があるだろう。もう1つ重要なことは「いつ頃までにその幸せを得たいのですか（WHEN）」の質疑に対して，「いま30

歳ですが 40 歳くらいまでにはそうなっていたいです」という具体的な応答が得られたことである。これにより，提案すべき解決策が今後 10 年間になすべき行動であるということが明確になった。

　さて，講師も自らの人生設計を完全に描くことができているわけではないのだから，「その幸せはどこで得たいのですか（WHERE）」の質疑に対しては「それをアドバイス（提案）してほしいのです」という応答しか得られないということも十分にありうる。このとき「それでは解決策を考えることはできません。具体的に条件を示してください」と追及するような質疑を重ねてはいけない。講師は悩んでいるのであり，それを解決するのがアクティブラーニングの現場における学生の使命なのである。重要なのは追及することではなく，引き出すことである。このような場合には，「では，現在のお住まいの地域に限定するか，国内に限定するか，それらに一切こだわらないか，いずれがいちばん近いでしょうか」といったように仮説提示型，選択肢型の質疑をする工夫をするのが望ましい。

　以上の通り，課題を構成する 5W1H をめぐって，このような丁寧な質疑を重ねることで，課題の対象・範囲に関わる条件が少しずつ明らかになっていくのである。

図表 3-2　5W1Hの確認方法（1）

	5W1H	判定	対応
WHY	なぜ，幸せになるための条件を問いかけたのか	読み取れない	講師に質疑すべきこと
WHO	誰が，幸せになるための条件を知りたいのか	「私」であることは明確	—
WHAT	何が達成されれば，幸せになれるのか	読み取れない	講師に質疑すべきこと
WHEN	いつ，幸せになりたいのか	読み取れない	講師に質疑すべきこと
WHERE	どこで，幸せになりたいのか	読み取れない	講師に質疑すべきこと
HOW	どのようにして，幸せになりたいのか	読み取れない	学生が考えるべきこと

図表 3-3　5W1Hの確認方法（2）

	学生からの質問	講師の応答	学生の判断
WHY	なぜ，幸せになりたいと思ったのですか	いま幸せを実感していないからです	WHATが達成されていないということがWHYだと理解できたが，それを阻む原因についてはさらに質疑する余地があると理解した
WHAT	講師にとって幸せとはどのような状態ですか	結婚して子供もいて仲良く健康に生涯を過ごすことです	これが達成目標であることが理解できた
WHEN	いつ頃までにその幸せを得たいのですか	いま30歳ですが40歳くらいまでにはそうなっていたいです	これから10年間の行動を検討すべきであることが理解できた
WHERE	その幸せはどこで得たいのですか	それをアドバイス（提案）してほしいのです	WHATを前提として，さらに質疑する余地があると理解した

Part.3 Understanding Issues

3 5W1H を深堀する

本節では課題を構成する5W1Hをより深掘りすることによりその意図、対象・範囲などを解読する有効な方法として、講師への質疑ポイントを解説する。

1. 課題の主体・ステークホルダー（WHO）の深堀り

課題の主体（WHO）としてはじめに思い浮かぶのは課題の当事者、すなわち課題を示した講師の所属組織である。つまり、この課題ではその当事者にとって有益な解決策が求められているということを認識しなくてはならない。他方、課題のWHOとしては図表3-4に示したような利害関係者（ステークホルダー）の存在も認識する必要がある。

たとえば、次のような課題が示されたとしよう。

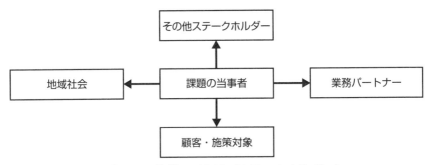

図表3-4　課題に含まれる複数のWHO（ステークホルダー）

> (例5) 20代の若者の価値観を踏まえて，D社で働くことの魅力を訴求する人材募集策を提案せよ。

　この課題の主体は「D社」だが，その他の重要なステークホルダーとして「20歳代の若者」がいることを忘れてはならない。課題は「20歳代の若者」の価値観に対して訴求力のある人材募集策の提案であるのだから，「20歳の若者」にとっても有益な解決策であることが求められているのである。

　またたとえば，次のような課題が示されたとしよう。

> (例6) 当社（E社）の顧客投資家に対して，環境共生社会の実現に貢献しうる投資先企業を提案せよ。

　この課題の主体は「E社」だが，その他の重要なステークホルダーとして3つの主体が存在する。第1に「顧客投資家」，第2に「投資先企業」，第3に「社会」である。したがって，この課題はこれら3つの主体にとっても有益な解決策を求めているものと受け止めるべきである。

- 「顧客投資家」に対しては，配当金や売却益に対する期待値の高さ，株主優待，社会に貢献している実感といった利益の提供が求められている。
- 「投資先企業」に対しては，必要な資本の調達支援が求められている。
- 「社会」に対しては，環境共生のために必要な技術やサービス，制度・しくみの普及が求められている。

　さらに，これら3つの主体について，それぞれの現状や欲求などを把握しなければならない。たとえば以下のようなことを調べたうえで解決

先を導き出すことが期待されているということを認識すべきである。

- E社の顧客投資家には最近どのような投資傾向があるか。配当金や売却益に対する期待値の高さ，株主優待などの経済的利得ではなく，社会に貢献しているという実感は投資意欲につながるのか。
- 環境共生社会の実現につながる事業を行っている「投資先企業」にはどのような企業があるか。そのような事業を行っている企業は株式市場においてどのような評価がなされているか。
- これからの社会では，環境共生のために必要な技術やサービス，制度・しくみとして，どのようなものがより強く求められているのか。

そこで，次のような質疑ポイントが想定されることとなる。

- E社の顧客投資家には一般的な投資家とは異なる特徴的な傾向はあるか。（一般的な傾向はあくまでも「学生が考えるべきこと」として峻別されるべきだろう）
- E社自身あるいはE社の顧客投資家に対して投資または斡旋の実績があるこの種の投資先企業はあるか。あればそれはどのような（何という）会社か。（ただし，実績情報が公表されていないということが質疑の前提）

　これらの質疑に対して具体的応答が得られれば，それは参考情報として活用することができる。しかし必ずしも具体的応答があることを期待してはいけない。「そのようなことを考慮する必要はない。自由に検討してほしい。」といった応答がなされることも大いにありうる。いずれの応答であっても，課題の主体・ステークホルダー（WHO）に関する対象・範囲が確認されたことに違いはない。

　最後にもう1つ例を取り上げておきたい。

> （例7）限界集落C地区の住民の将来不安を軽減する事業を立案せよ

　この課題の主体は明示されていないが，解決策を実行する主体，おそらくはどこかの都道府県か市区町村の行政体であろうが，その目標が限界集落C地区の住民の将来不安を軽減することであることから，課題の重要なステークホルダーとして「限界集落C地区の住民」が存在することがわかる。

　そこで確認すべきことは「住民」とは何を指すのかということである。一般的に「住民」とは文字通り，そこに住んでいる人のことを指すのだろうが，この例で取り上げているような課題を前提にすれば「住民」はより広義な存在であると考えた方がよいかもしれない。たとえば，住んでいる人だけでなく，そこで事業を営んでいる個人事業主や法人も広義の「住民」であると言えるし，通勤・通学している人までも含むのかどうか気になるところである。

　このような場合は，「○○は含めて考えてもよいと思うが，いかがでしょうか」といったように仮説提示型，選択肢型の質疑をして確認するよう努めたい。

2. 課題の背景（WHY）の深堀り

　課題には必ず何らかの背景（WHY）がある。それは決して単純なものではなく，マクロからミクロまで幅広い次元の背景が多層に重なっていることが多い。課題を的確に理解するためには，これら多層的な背景を丁寧に把握することが必要である。本項では，そのような多層的な背景の着眼ポイントを解説する。

　なお，図表3-5に示す通り，世界，国内というマクロ次元の背景につ

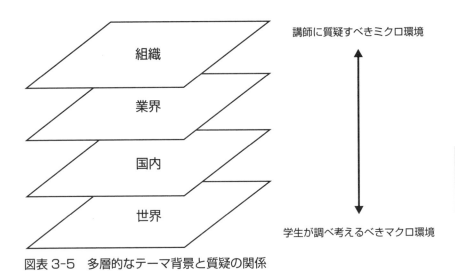

図表 3-5　多層的なテーマ背景と質疑の関係

いては学生自身が考えるべきとされることが多いと考えられる。一方，課題の主体である組織やその属する業界というミクロ次元の背景については講師に質疑して応答を得る必要性が高いと考えられる。

　また，アクティブラーニングの現場においては，学生によって提案された解決策が，「すでに実行したことがあるがうまくいかなかった解決策である」と講師に酷評される場面がしばしば見受けられる。課題の背景（WHY）を深掘りしていないときに起きがちである。講師があえて課題として示したからには，それなりの複雑な事情があるものと想像しなくてはならない。そこにはありふれたアイデアでは太刀打ちしがたい背景が必ずあると踏んだ方がよい。

（1）世界次元の背景

　その課題には世界的な政治・経済・社会・技術（PEST：Policy, Economy, Society, Technology）の動向が関係しているかもしれない。

それは課題の当事者が大企業や中央政府（国）である場合に限らず，中小・零細企業，地方行政，学校，病院，その他の公益法人，NPO等，どのような組織であっても同じことである。たとえば，欧州連合（EU）の加盟・脱退問題や主導権争い，ファイナンス・テクノロジー（フィンテック／Fintech）の台頭，国際貿易ルールをめぐる協議動向，新興国の台頭，地球環境，内戦・地域紛争，各種技術の研究開発など様々な動向が考えられる。

(2) 国内次元の背景

その課題には国内における政治・経済・社会・技術の動向が少なからず関係しているものと考えられる。たとえば，国政における政策や政界再編動向，地方政治における政策潮流，金融政策，景況・市況，少子化，高齢化，価値観の変化，外国人労働者や移民問題，ICT・医療等の分野における技術開発など様々な動向が想定される。また，特定の地域を市場としているビジネスや事業活動であれば，当該地域社会におけるより細かな事情が大きく関係していることも考えられる。

(3) 業界次元の背景

ほとんどの場合，その課題には課題当事者（組織）がその一部となっている業界全体の動向が関係していると考えられる。たとえば，合併・業務提携など業界再編，政策・規制・その他法令制度や業界慣習，業況，ICT，労働力（人材），技術動向，業務ニーズ・消費者ニーズの変化，流行・トレンド，業界団体の方針など様々な動向がある。

(4) 自社次元の背景

その課題の背景には課題の主体当事者（組織）が固有に抱える何らか

の事情が必ず関係している。たとえば，商品・サービス，財務（資本，資産，負債，売上，原価，販売管理費等），知識・技術等の知的財産や経験知・ノウハウ，人材，競合，顧客，業界におけるポジションなどに関する当該企業の強み・弱みなどの事情である。

複数の企業・団体等で構成されたグループの場合には，グループを構成する個々の企業・団体等の事情の関わりも考えられる。

3. 課題の目標（WHAT）の深堀り

課題の目標（WHAT）とは解決を目指すべきことそのものである。これは文字あるいは口頭で示された課題に明確に盛り込まれているはずだが，もし曖昧または抽象的でわかりにくいと思う場合は率直に質疑すればよい。したがって本項では，そのような言葉の解釈という意味での曖昧さの解消といった観点からではなく，目標（WHAT）それ自体の内容構造を論理的に理解するための方法を解説したい。

目標の内容構造を理解するためには，目標とその達成のための取組の間にある数的あるいは意味的な関係を解読するという方法を勧めたい。その関係を「関数式」として表現してみると，何のために何をすればよいのか，つまり課題がどのような解決策を想定しているのかということがはっきりと見えてくる。これが目標の内容構造を理解するということである。

(1)「量の関係」を関数式にする

目標とその達成のための取組の関係を関数式にするなどと言われると，とても難しいことのように感じるだろうが，実はそれほど難しいことではない。はじめに「量の関係」を関数式で表してみよう。

たとえば，「販売において利益を上げる方法を提案せよ」という課題があるとする。

> （式1）利益＝売上－費用

これはわかりやすいだろう。

課題の文字を見るだけでは「目標」は一見して「利益を上げること」と読み取れる。しかし，このように関数式化してみると，実は「売上を高めるか費用を引き下げるか，それらを同時に達成するかの三者択一のうち最適な方法を見つけ出すこと」が目標の正体であるということがわかる。

なお，この関数式では「利益」が被説明変数，「売上」と「費用」が説明変数ということになる。つまり，「利益」は「売上」と「費用」の2つの変数によって説明される変数であるという意味である。

(2)「質の関係」を関数式にする

目標とその達成のための取組の関係を「量の関係」で示すことが簡単ではないこともある。そのような場合には「質の関係」を関数式"のように"表すのがよい。

たとえば，

> （式2）顧客満足＝品質への評価×値ごろ感×アフターサービスへの評価

被説明変数である「顧客満足」と「品質」や「値ごろ感」，「アフターサービスへの評価」といった説明変数の量的な関係を正確に示すことは簡単にはできない[1]が，顧客満足の構成要素を設定することはできる。

---

[1] マーケットリサーチによりこれらの関係を量的に表現することは統計学的には一定程度可能である。

なお，ここでは「×」（乗算）で表現しているが，これは単に「掛け合わせる」という意味で使っているにすぎない。

これはあくまでも例にすぎない。目標とする被説明変数（右の例では「顧客満足」）の構成要素としてどのような説明変数を設定すればよいかは，課題によって視点が異なる。課題の主体・ステークホルダー（WHO）や課題の背景（WHY）も踏まえて，どのような施策の提案が期待されているかを想像しながら，グループでしっかりとブレーンストーミングをしたうえで設定するよう努めることが重要である。

（3）関数式を分化して目標の構成要素の全体像を把握する

さて，前出の（1），（2）ではたいへんシンプルな関数式を取り上げて説明してきたが，これをさらに分化して目標の構成要素の全体像を把握してみよう。

> （式1）利益＝売上－費用

ここで説明変数としている「売上」も何らかの変数で説明される。たとえば，

> （式3）売上＝販売単価×販売個数

という関数式で表現することができる。これを（式1）の「売上」に代入すると，

> （式4）利益＝（販売単価×販売個数）－費用

ということになる。

これにより「売上」を高めるためには「販売単価」か「販売個数」の

いずれか一方，あるいは両方を高めるという3つの選択肢しかないことがわかる。

さらに「販売個数」を分化してみる。

たとえば，

> （式5）販売個数＝1日あたり販売個数×販売日数

とか，

> （式6）販売個数＝1人あたり販売個数×販売員数

などの関数式で表すことができるだろう。これらを（式4）の「販売個数」に代入すると，

> （式7）利益＝販売単価×（1日あたり販売個数×販売日数）－費用

> （式8）利益＝販売単価×（1人あたり販売個数×販売員数）－費用

という関数式になる。他にも「1時間あたり販売個数×販売時間」や「1店舗あたり販売個数×店舗数」等の関係で関数式を作ることもできるだろう。どのような視点で「販売個数」をコントロールしようと発想するかによって，関数式の作り方も変わってくるというわけである。

また，目標とその達成のための取組の関係は，実は「量の関係」だけでもなく，「質の関係」だけでもなく，それらの組合せによって示されるというのが現実的である。

たとえば，

> （式9）1人あたり販売個数＝販売員の平均的な接客態度×販売員の平均的な商品知識

といった関係に着目することも必要である。

ここまでの検討経過をまとめると次のようになる。

> （式10）利益＝販売単価×（販売員の平均的な接客態度×販売員の平均的な商品知識）×販売員数－費用

つまり，ある商品の販売において利益を高めるためには，「販売単価」，「販売員の平均的な接客態度」，「販売員の商品知識」，「販売員数」，「費用」という変数のいずれか1つまたは複数を高めるという施策が考えられるということに気がつくだろう。もちろん，これらの変数をさらに分化することで施策の選択肢を増やすことも可能である。

以上見てきたように，課題の目標（WHAT）を被説明変数とする関数式を描くことで，その目標を達成するために必要な施策の選択肢，すなわち期待されているであろう解決策の選択肢がよく見えてくる。ただやみくもに言葉で議論するのではなく，数学的思考を取り入れることの大切さがおわかりいただけただろうか。

4．課題の時期（WHEN）の深堀り

課題にまつわる時期（WHEN）は2通りある。第1に目標の達成時期，第2に解決策の着手時期である。いつまでに課題解決すればよいのか，いつから取り組み始めればよいかということである。当然のことながら，第2の着手時期はその取り組みが目標を達成するためにどのくらいの期間を必要とするかによって決められる。したがって，課題の時期（WHEN）として深掘りすべきなのは目標達成時期であると考えてよい。

講師から示された課題には，目標達成時期（WHEN）が示されない，あるいは示されても曖昧であるということがしばしばありうる。そのよ

うな場合は次の順序にしたがって対応するのがよい。

- 目標の背景（WHY）を踏まえれば自ずから目標達成時期が推定できるのではないかと考える。推定にある程度の確信がもてれば，それを前提に検討を進める。
- 推定にある程度の確信がもてなければ，講師に対し推定時期の妥当性を選択型で質疑する。ただし，確かな応答が得られるとは限らない。その時期設定も学生が考えるべき解決策の一部であるという応答となる可能性もある。
- 目標の背景（WHY）を踏まえても全く想定ができない場合は率直に質疑する。ただし，確かな応答が得られるとは限らない。目標の背景（WHY）を十分に深掘りすれば時期設定はできるはずだという応答となる可能性もある。

5. 課題の場所（WHERE）の深掘り

課題にまつわる場所（WHERE）は少なくとも3通り考えられる。第1に解決策を実行する場所，第2に解決の対象となる場所，第3に空間的には把握されない場である。

第1の解決策を実行する場所とは店舗，工場，本社，支社，研究所，研修所，バックオフィスなど実際に解決のための行動を起こす場所のことである。

第2の解決の対象となる場所とは，第1の場所と重複することもあれば，第1の場所が対象とする商圏や市場などの範囲を指すこともあるだろう。

第3の空間的には把握されない場とは，商品，サービス，業務システ

ムなど，空間に拘束されることのない解決策となる場のことを指す。

講師から示された課題には，目標の場所（WHERE）が示されないこともありうる。そのような場合は次の順序にしたがって対応するのがよい。

①講師から示された課題に，上記の第1，第2，第3のいずれか，あるいは複数の場所条件が想定されているかどうかを，課題の主体・ステークホルダー（WHO），課題の目標（WHAT），課題の背景（WHY）の深掘りによって判断する。
②判断の結果，自ずから課題の場所条件が推定でき，ある程度の自信がもてる場合はそれを前提に検討を進める。
③推定にある程度の確信がもてなければ，講師に対し推定した場所条件の妥当性を選択型で質疑する。ただし，確かな応答が得られるとは限らない。その場所条件も学生が考えるべき解決策の一部であるという応答となる可能性もある。
④課題の主体・ステークホルダー（WHO），課題の目標（WHAT），課題の背景（WHY）の深掘りによっても全く想定ができない場合は率直に質疑する。ただし，確かな応答が得られるとは限らない。それらを十分に深掘りすれば時期設定はできるはずだという応答となる可能性もある。

6. 課題の解決方法（HOW）の深掘り

課題の解決方法（HOW）とはまさに学生に求められている解決策そのものである。したがって，これを直接的に質疑することはできないし，また応答を得ることもできない。「売上を伸ばすための解決策を提

案せよ」という課題に対して「どうすれば売上が伸びると思いますか」と質疑するようなものである。

ここで深掘りすべきことは限られている。それは，解決方法に関する制約条件である。

課題の場所（WHERE）や課題の時期（WHEN）も，実は解決方法に関する制約条件であると捉えればわかりやすい。

以下に，場所（WHERE）と時期（WHEN）以外の制約条件として示されることが多い項目を掲げておくので，講師への質疑の参考にしてもらいたい。

- ヒト，モノ，カネなど解決策に必要な資源の量に関する条件
- 組織外からの技術，ノウハウ，ライセンスの調達を許容するかなどの資源調達に関する条件
- 他組織との共同・連携による解決を許容するかなどの実行体制に関する条件
- コンセプト，仕様など商品やサービス，その他業務の基幹的要件（外せない条件）

Part.3 Understanding Issues

4 よくない質疑

本節では，アクティブラーニングの現場における"よくない質疑"を3タイプに分けて解説する。授業の現場でこのような質疑をすることのないよう強く心掛けよう。

1．調べる手間を省くだけの「怠け質疑」

　自ら一定の時間をかけて調べさえすれば得ることのできるはずの情報を講師に質疑する学生をときどき見かける。たとえば，「御社が位置する業界ではいま何が一番大きな問題になっていますか」とか「御社の業務や業界に対する法的規制にはどのようなものがありますか」といった質疑が該当する。
　講師は課題を示し，その説明をするために時間をかけて準備をし，学生のための授業に時間を割いて出席している。それにも関わらず，調べる手間を省くだけの「怠け質疑」をすることは，自らの学びを妨げることになるばかりでなく，講師に対して大変失礼な態度であると知り，厳に慎むべきである。

2．意図・仮説を示さない「丸投げ質疑」

　確認したい意図や仮説があるから質疑をする。応答者はその意図や仮説をくみ取ることによって質疑者にとって有益な情報を応答しようとするはずである。
　たとえば，「御社がこれまでいちばん成功したプロモーションはどん

なものでしたか」という質疑が投げかけられたとする。これに対して講師は，「単に，成功したプロモーション事業の名称や概要を応答すればよいのか。それを知ったところでこの学生にとって一体何の役に立つのだろうか」などとひどく悩むことになる。質問の意図が伝わってこないからである。講師は致し方なく質問を返すことになる。「私たちの得意分野が知りたいのですか。それとも私たちが成功とみなす際の判断条件を知りたいのですか。それとも……」と学生の意図を推測しながら丁寧に応答するだろう。これは講師に余計な負担を強いることになり，避けるべきである。

　1. の「怠け質疑」の性質も合わせもつ仮説を示さない質疑もしばしば見かける。たとえば，「その目標はどこの市場で達成することが望ましいですか」といった目標の場所（WHERE）に関わる質疑がなされたとしよう。これに対し講師が「目標が達成されやすい市場を優先して考えてください」と応答したとする。続けて学生が「目標が達成されやすい市場の条件とは何ですか」と追及する。ここまでくると講師も「それを考えるのは皆さんです」としか応答しようがない。

　2度目の学生の質疑が次のような仮説提示型・選択型のものだったら，その後はどういうやりとりがなされただろうか。「目標が達成されやすい条件としては，○○や□□，あるいは△△などが考えられますが，これらのうち特に重視すべき条件はありますか。あるいはどれも同じように重視すべきでしょうか」。おそらく講師は「特に○○を重視することが多いです」とか「すべて同じように重視してもらえれば結構です」などと具体的かつ質疑者の意図に沿った応答ができる。質疑者にとっては有益で，応答者にとっては効率的なやりとりとなる。

　このよう意図・仮説を示さない「丸投げ質疑」は講師に余計な負担をかけるばかりでなく，学生自らも得ることの少ない質疑であると知るべ

きである。

3. 恥をかきたくないだけの「答え合わせ質疑」

　解決策の提案の場である報告会で、講師から酷評されるのは誰しも望まない。悔しい、恥ずかしいといった思いをすることはできるならば避けたい。それは否定しがたい普通の感覚である。

　しかし、だからといって検討を進めるステップごとに、そこまでの検討成果や今後の検討方針について、「途中経過はこのような感じで大丈夫しょうか」、「このような方針で進めても大丈夫でしょうか」などと質疑するのはやめた方がよい。講師は的確に応答することができないし、学生にとっても得るものがないからである。

　講師は、学生ができるだけ想像力を発揮したり、創意工夫したりすることによって、経験や年齢を積んでいるからこそできなくなってしまった新鮮な発想や想定外の着想をしてくれることに期待している。だから「大丈夫でしょうか」と確認を求められた際に、「これはおかしな方向に行っているな」と感じたとしても「いや、最後まで様子をみなければわからないな」と思い直して、結局は「良いとも悪いとも言えない」と応答するしかないのである。

　あるいは講師によっては率直に「それは良くない。軌道修正した方が良い。」と応答することもありうる。こうした場合、学生はどう受け止めればよいのか。そこまで徹底的に調べ、考え、議論してたどりついた成果をあっさりと捨てることができるものだろうか。そうすることは難しいであろうし、捨てるべきではない。「でも、私たちはこの提案に自信があるんです」という態度を示す方が好ましい。もっと自信をもつべきなのである。言い換えれば、そもそも「大丈夫でしょうか」という質

疑をすべきではなかったということである。
　では，なぜ恥をかきたくないだけの「答え合わせ質疑」をしてしまうのか。それは，徹底的に調べ，考え，議論してたどりついた成果であるという自信がもてていないことの現れにすぎない。無駄としか言いようのない「答え合わせ質疑」をするくらいなら，もっと徹底的に調べ，考え，議論する努力をする方がよい。

This is Active Learning

第4講

調べる

1. 調査方法の変化
2. インターネットの情報とうまくつきあう
3. 調査の方法

Part.4 Conducting Research

1 調査方法の変化

本節では，インターネットによって「調べる」方法が変化したことを理解し，それに伴う問題点に対し注意を向ける。

　コンピュータやインターネットの発達により，「調べる」ということの方法や観念が劇的に変わった。昔は，「調べる」といった場合，とりあえず辞書を引く，辞典にあたるということから始めることが多かった。現状では，まずスマホを使って「ネットで検索する」ということが普通となっている。このこと自体は，便利になったのでありがたいことである。学問・研究においても，インターネットの発達により先行文献を探し手に入れる時間が短縮され，有効に時間を使えるようになった。

　ただし，現段階においては，学生の学問研究への取り組みにおいて問題点も指摘される。それはインターネットの活用方法の問題であり，インターネット自体が悪いということではない。活用方法を適切に学ぶことで，その問題点は解消されるだろう。

Part.4 Conducting Research

2 インターネットの情報とうまくつきあう

本節では，インターネット情報の特性を理解し，研究におけるその適切な使い方を具体的に学ぶ。

　インターネット情報は，そのツールの特性上，情報を簡単に入手したいときに用いられることが多い。インターネットで検索する情報は，その場で短時間で理解するのに向いており，長々と画面を読み続けるような利用の仕方にはあまり向いていないようである。そのため，インターネット情報はじっくり検討されないままスピーディに消費される傾向がある。さらに，その情報は簡単にコピーできるために，あまり考えないままにコピー＆ペーストして引用してしまうこともある。じっくり考察・検討しないまま，理解したつもりになって，さらにそれを発信していくのである。

　また，インターネットの情報は，そのような使い方に便利なように構成されていることが多い。画面上の見やすい範囲で情報をまとめてあったり，読者が飽きない程度の情報量に抑えてあったりする。短時間に物事をざっと把握するには，とても便利である。しかし，研究に必要な情報や知識というものは，おそらくもっと複雑で説明を要するものである。そのため，参考のために簡単なことをインターネットでちょっと調べるのは構わないが，レポートに書くべき内容をインターネットに頼るべきではない。インターネットに掲載される情報は断片的な情報の集積である場合が多く，統一された構造をもつ知識でないことが多いからである。そのため，その情報を鵜呑みにするのはかなり危険である。物事・事物というものは，一面的なものではなく，さまざまな角度からさ

まざまに理解できるものであり，簡単な記述では当然説明しきれない。それを簡単な説明でわかったような気持になってしまったり，何の疑問ももたず信じてしまうようなことは，学問と反対の方向へ流れていくことになる。

簡単な記述でとりあえずわかりやすく説明するものに辞書がある。多くの人は，辞書に載っている記述ですべてがわかったと思わないだろう。辞書で「人間」と引くと次のように記されている。

　　人間　①人。人類。②［仏］六道の一つ。人が住むところ。世の中。
　　　　　人間界。じんかん。③人柄。人物。
　　　　　　　　　　　　　　　　　（集英社［2012］［第3版］国語辞典）

この記述で，人間についてわかった気になる人はいないだろう。それなのに，インターネットでやや長く説明されると，それでわかったような気持ちになってしまう傾向が見られるのである。

また，インターネットの情報は信頼性にやや問題がある。以前，基礎演習の授業で「年賀状が書かれなくなった事情」について発表したグループがあった。彼らの発表資料には，2003年をピークにしてその後年賀はがきの発行枚数がきれいに単純減少していく棒グラフが示されていた。しかし，出典が示されていなかったので質問したところ，ネットに載っていたのをコピーしたというばかりで正確な出所は示されなかった。そのグループに引用する場合は出典を明記するよう注意したうえで，授業後に筆者自身でもその出典を調べてみようとした。すると，そのグラフはインターネット上のいろいろなページに載っている。しかし，その出所を明記しているものはなかなか見つからない。それどころか，ほとんどのページが自分で調べたような書きぶりである。どうにか

最終的には，国の資料を元にある個人が作成したものだということがわかった。それを作成した人は特に名乗っているわけでもなく，自分の興味に基づいて作成しネット上にあげたということで，学術的な資料というものではなかった。このグラフの作成者は知的好奇心の旺盛な人で，もちろん何の責任もないのだが，この資料を根拠に何か論じるというのは資料の正確性という点で問題がある。

　この例は，インターネット情報の性質と利用の現状をよく表している。インターネットという媒体は，出版物と異なり，誰でも自由に情報を発信することができる。その「誰でも」は，学問・研究のために発信しているわけではく，その情報自体が真実なのかどうかも検証していないし，むしろ主観的に論じている場合の方が多いであろう。さらに，引用するときには出典を明記するというルールを守っていないことも多く，引用に引用が重ねられていき，元のデータにたどり着けないこともある。たどり着けたとしても，そのページに記名がなければ情報を発信している人がわからない。あるいは，以前にはあったページが閉鎖されていて簡単に見ることができなくなっているという状況もある。このようなインターネットの情報に正確性を求める方が無理であり，その情報を信じる方に問題があるといえる。さらに，その情報を根拠にして何かを主張するというのは，大きな誤りと言わざるを得ない。

　学術論文やレポートは，正確なデータを根拠として自分の主張を論じるものであり，客観性が求められる。その根拠となるデータは，誰もが同じような方法をとれば再現できるものである必要がある。また，他人の調査データを用いる場合や文献を根拠にする場合は，読者がその元のデータや文献にたどり着けなければならない。このようなことから，インターネットの情報は研究の資料としてふさわしいとは言いにくい。

　逆に言えば，これらの条件を満たすのであれば，インターネット情報

を活用してもよいということになる。たとえば，国の監修しているページの情報は利用価値が高い。内閣府や総務省のページにアクセスすると，公表されている国の統計を見ることができる。これらの情報は国が大規模に調査したもので，個人ではなかなか集めることのできない貴重なデータが多い。また，企業が責任をもって公表しているデータも十分活用できる。

　次に書物の情報とインターネットの情報を比較してみたい。書物は物理的に紙として存在しているため書き換えられることがない。また，著者や出版社，出版年が明記されており，責任の所在もはっきりしている。さらに，出版は誰もが簡単にはできるものではないので，公共性が高く社会的責任も重いものとして捉えられている。また，書物が引用される場合には，その引用元の出典が明記されていれば，その書物にたどりついて原典を確認することが容易である。その点で，書物は社会に開かれており，インターネット情報よりも信頼性が高いと言える。もちろん，書物にも信頼のおけないものは多数あるが，インターネット情報に比較すれば格段に信頼性が高く，特に学術書は手順を踏んだ手続きによって出版されている場合がほとんどである。

　しかし，書物は簡単に刊行できないという性質のため情報の速さという点では他の媒体に劣る。そのようなことから，比較的頻繁に出版される学術雑誌や専門紙などを参照することも重要となる。

　インターネットと書物のそれぞれの情報の性質をわきまえたうえで，適切に使うことが求められる。

Part.4 Conducting Research

3 調査の方法

本節では，基本的な先行研究の調べ方と，自分の主張を論証するための資料の作成法を具体的に紹介する。

次に，具体的な調査方法について注意すべき点や基本的な調査法について検討してみよう。

1．文献にあたる

学問への入門段階では，研究しようとしている分野の研究状況をまず知ろうとするであろう。その際，どのような文献にあたればよいだろうか。

（1）基本的文献から専門書へ

初学の場合，いきなり専門書を読むことは難しいので，教養レベルの本から入るとよいだろう。教養書や新書などがそれにあたる。文庫本より少し大きいだけの新書は，最近多くの出版社から刊行されている。また，初学の段階では百科事典の簡潔な記述も参考になる。

次の段階としては，専門書の入門書が挙げられる。この類の文献は，通常，評価の定まった基本的な学説が紹介されており，そのため情報としてはやや古いものになるが，初学のものには役に立つ。その分野の基本文献一覧が掲載されている場合も多い。また，その分野における辞典類が編纂されていれば活用したい。専門用語を調べたりその分野の基本的事項を調べたりするのに便利である。このような辞典類は，通常，図

書館の参考図書コーナーに「禁帯出」として置かれていて借りられている心配がなく，こまめに調べるのに適している。筆者の専門は日本語学だが，『国語学事典』『日本語学研究事典』『日本語文法事典』などがそれにあたる。

　さらに専門性が高まってきたら，専門書を読む段階に入る。専門書を刊行する出版社は得意分野を持っていることが多く，その分野の専門的なシリーズや講座などを刊行している場合もある。それらを利用することで，ある程度詳しく専門分野の情報を得ることができる。

(2) 新しい情報

　すでに述べたように，本は出版するのに時間がかかるため，最新の情報を得ることが難しい。もう少し新しい情報を得るためには，新聞や雑誌を利用することになる。新聞というと三大新聞などの全国紙を思い浮かべる人が多いだろうが，業界紙と呼ばれる特定の業界に関する専門的な新聞も数多く発行されている。また，雑誌も，書店に並んでいる一般的な雑誌はほんの一部であり，多くの専門的な雑誌が存在する。学術的な雑誌には，学会が発行する学会誌や，大学等が発行する紀要などがある。学会誌には，審査を通過したレベルの高い論文が掲載されており，その分野の最先端の研究状況を知ることができる。

　その他，各業界や企業等が定期的に発行するニューズレターやメールマガジンと呼ばれるものがある。ニューズレターは紙媒体をとおしメールマガジンは電子媒体をとおして最新の情報を素早く配信している。

2. 文献の探し方

　欲しい情報を与えてくれる文献に出会うためにはどうしたらよいだろ

うか。パソコンやスマートフォンの検索エンジンを使うという人が多いのではないだろうか。確かに便利であるが，キーワードをどのように設定するかで，その効率性がかなり変わってくる。多くの情報の中から，ある程度のあたりを付けるだけという使い方であれば，検索エンジンで探すことは，多少非効率的であっても使う価値がある。しかし，欲しい情報についてある程度の知識があるならば，ほかの方法も考えられる。専門的な論文を探すのであれば，図書館のデータベースにアクセスして，国立情報学研究所の検索を使うべきである。論文のキーワードや著者名がわかれば，効率的に文献を探すことができる。すでに述べたように，図書館の参考図書コーナーなどで専門的な辞典を調べ，その記述内容を参考にして検索すれば，なお効率よく探すことができる。

　また，「参考文献リストを利用する」という方法も有効である。入門書には参考文献リストが掲載されていることがほとんどである。これを使えば，その分野の重要な文献を知ることができる。また，そのようにしてたどり着いた文献に掲載されている参考文献を頼りにさらに文献を探すというように，芋づる式に文献を探すこともできる。この際に，複数の書物に参考文献として記載されているものは，その分野の基本文献や重要文献だと考えられる。なお，専門雑誌の文献リストを用いる場合は最新刊からさかのぼる方がよい。新しいものはそれ以前のものを参考にしているので，そこから順にさかのぼることができる。当たり前のことだが，古いものを参照するとそれ以後に出された文献を知ることができない。また，学会誌が「学会展望」などの名称で，最近の研究動向や注目すべき論文をまとめていることがある。「レビュー論文」と呼ばれるものである。これらを活用とすると，文献探しを効率的に行うことができる。

　それでは，本・雑誌・新聞などの文献を実際に手にするためにはどう

すべきか。図書館に行くというのが最も基本的な方法であろう。自分の通う大学の図書館はもちろん，提携している大学の図書館を使うこともできる。紹介状があれば他大学の図書館も利用できることがある。また，地域の図書館や国立国会図書館，専門書を集めた図書館なども必要に応じて使うとよいだろう。図書館で文献を探すときは，パソコンによる文献検索（OPAC：Online Public Access Catalog）や，先に述べた参考図書コーナーの利用が有効である。また，実際に書棚に行くことで類書に出会うことができる。書棚には同じ分野の本が並んでいることが多いので，探している目当ての本の近くに，キーワード検索やタイトル検索でたまたま引っかからなかった予想外の類書にでくわすことがあるのである。また，図書館ばかりでなく，大型書店に行って，現代の話題をチェックするのも大切なことである。何の目当てがなくても，平積の本や書棚を見ることで社会の動きをざっと観察することができる。

3. 研究における資料収集・調査

ここからは，具体的な研究や論文・レポート作成における資料収集・調査について述べたい。初学の場合，資料収集には次の2つの段階がある。

(1) 先行研究を調べ，現在の研究の動向を知る

まず，自分が扱いたい分野では，現在どのようなことが問題となっているのか，どのような研究がなされているのかを調べる。そのうえで，自分の研究に意味があるのか，独自性があるのかを慎重に考える。さらに，参考になるような過去の研究はないのか探る。

よいアイディアを考えついても，すでに研究され結果が出ているとい

う場合も多い。これまで多くの研究がなされているのだから自分の独自性を出すのが難しいのは当然である。その中で，先行研究に敬意をはらいつつも，新しい感性で新たな問題点を見出していくのが研究の醍醐味だと言える。そのためにも，先行研究をよく吟味しておくことが必要である。また，自分の研究内容と重なっていないけれども，扱う資料が重なっているという場合もある。そのようなときに，その資料を使わせてもらえば効率的に研究を進めることができるので，先行研究は広めにあたっておくべきである。

　文献を収集したときには，書誌情報を必ずメモしておく。書誌情報とは，その資料を他の資料から識別するために必要な情報のことで，その資料の「筆者，刊行年月日，書名，論文名，発行所」などを指す。書誌情報がわかれば，簡単に再度その文献にあたることができる。また，自分のレポートに引用したときには書誌情報と引用したページ番号を必ず明記しなければならない。書誌情報は書物の奥付に明記されているので，写しを必ず取っておくようにしよう。

(2) 自分の主張のための資料を集める

　自分の研究や主張したいことが具体的に決まってきたら，それに関係のある資料を集めることになる。フィールドワークやアンケート調査など，自分で生成した資料を一次資料と呼ぶが，一次資料を生成する前に多くの資料を集めて研究の土台を作っておくことも大事である。

　漏れのない研究のためには，より多くの資料・情報を収集することが重要となる。自分が必要としているものと完全に一致する資料というのはむしろ少ないのであって，自分の研究に少しでも関係のあるものは集めておきたい。収集の段階では資料の価値をあまり考えることなくとりあえず集めておき，その後不要な情報を捨てるという方法がよい。ただ

し，自分に有利な情報だけを採用し，都合の悪い情報を採用しないという恣意的な情報選択は，後に信頼を失うことになるのでしてはならない。

4. 実際の研究と調査の手順

　初めに注意したいのは，本格的な資料収集・調査は，何を主張するのか最初に決めてから逆算して行うということである。計画が整わないまま大規模調査をすると無駄な労力が多くなり非効率的な研究になってしまう。通常，以下の順で研究と調査は行われる。

```
予備的調査等→仮説の設定→仮説の検討→主張内容の決定→
→調査項目の決定→調査手順の決定→調査実施
```

　まず，日ごろの研究や収集した資料などからアイディアを導き出し，それに身近な調査などの検証により仮説を設定する。そして，その後，その仮説が妥当であるかどうか多方面から検討する。調査も増やしていき，足りない資料があれば補っていく。はじめに設定した仮説が最後まで全く動かないということは，むしろ少なく，検討しながら仮説を調整し変更していくことのほうが多い。はじめのアイディアと仮説が全く違うものになってしまうということさえある。分野によっても異なるが，この段階が最も創造的な行為となる場合が多い。仮説にほぼまちがいがないと確信できるまで何度も資料を検証し，試行錯誤を重ね，検討する必要がある。仮説に確信がもてるようになったら，それを「主張内容」として決定する。研究内容によっては，この段階で研究終了となり，それまでの検討を整理することで論証が終わる。また分野によっては，ここから規模の大きい調査に入る。主張内容を論証するために必要な調査項目を決定し，それを具体的にどのような手順で行うかを定め，それに

したがって調査を行っていくという流れになる。ここまでの手順を踏まずに，安易にアンケートを取ったりインタビューをしたりしても，後で論証に使えない資料となってしまうことが多い。

　例として日本語学のある研究過程をごく簡略にして紹介する。文末が「のだ」という形式をとる文があるが，この「のだ」にどのような機能があるのか考えることとする。

　まず，「のだ」に関する先行研究の文献を集める。この際，「のだ」と似ている「のである」や「のだった」「のだろう」などについての研究があれば，それらも集めておく。また，一次資料を作成するため，普段見られる文章の中で文末が「のだ」になっている文を採集していく。この際，新聞や小説，話し言葉など，ジャンルによって「のだ」の使われ方が異なる可能性があるので，分類しながら集めていく。そのような準備をして，次のように考察をしていった。

　①外で音がする。雨が降っているのだ。
　②外で音がする。雨が降っている。

　この２つの例を比べて考えてみる。②の用例では，前の文と後の文は並列の関係にあるだけだが，①の用例では，後の文が前の文の理由を表していると考えられる。このことから，次のような仮説を立てる。

(仮説１)「のだ」は，「A。Bのだ。」という形式をとり，AとBを因果関係で結びつける機能がある。

　この仮説が，いつでも成り立つか検証しなければならない。ほかの用例に当たってみる。

③　私には夢がある。私は，富士山に絶対に登頂するのだ。

　新たに用意した③の用例では，後の文が前の文の理由になっているとは言いにくい。しかし，前の文の「私の夢」というのは後の文の「富士山に絶対に登頂する」ことであるから，次のように言えないだろうか。

(仮説2)「のだ」は，「A。Bのだ。」という形式をとり，BがAを言い換えた表現であるという関係を表す。

　この仮説だと，①の用例にもあてはまるので妥当だと思われる。しかし，次の用例では当てはまりそうにない。

④　壁一面に掛けられた大小形状さまざまの柱時計は，長針と短針があるものは鋭い角度にハネ上り，あるものは鈍角に離れたりして，おもいおもいの時刻を示していた。(中略) その壁面に，あわただしく視線を走らせて，正しい時刻を選び出そうとした。そのとき，彼は胸がときめいていることに気付いたのである。

（吉行淳之介『驟雨』）
(※　「のである」は「のだ」と同等の表現だと考える。)

　④の用例では，前の文と後の文が言い換えの関係だとはとても思えない。また，仮説を変更する必要がある。
　これ以上は専門的になりすぎるので割愛するが，このような段階を経て，「のだ」の機能についての「主張内容」を決定していくのである。そして，主張内容が決定したら，恣意的でない無作為抽出などによって

得たさまざまな例文に対して，その主張内容が当てはまるかどうか調査していくことになる。その際には，調査項目や調査手順をはっきりさせて検証していく必要がある。

5．種々の調査方法

　文献収集以外の調査法を簡単にまとめておきたい。自分で一次資料を制作する調査法として，実験，観察，実地踏査，インタビュー，アンケートなどがある。これらは，大きく定量調査と定性調査に分けられる。

（1）定量調査
　定量調査とは，数値や量で表現する資料を制作する調査のことである。アンケート調査が代表的なものである。
　アンケート調査の注意点等を簡単に紹介しておきたい。まず，注意したいのは，何のためにアンケート調査を行うのかという意識をはっきりもつということである。つまり，単に物事の傾向を知るためなのか，仮説を論証するための資料を得るためなのかということである。通常は，アンケート調査は仮説の正しさを根拠づけるための最後の資料収集のために行われる。自分の主張が正しいことを，数値を用いて客観的に論証するのである。明確な目的意識があるので，質問項目を設定するときも，欲しいデータが取れるように意識して設定することになり，無駄な質問をすることがなくなる。この場合，数値で根拠づけるための大量のデータを収集するので，それなりの労力がかかる。そのため，調査を無駄にしないために，確実に自分の思った通りの結果が出るように行わなければならない。このようなことから，アンケート調査は仮説に相当の自信があるときに行うのが一般的である。また，アンケートを分析する

ときには統計学の基礎知識が必要となる。なお，無記名アンケートであっても，アンケート用紙には，年齢，性別，職業，居住地など，必要に応じて属性を記入してもらう。それによって，分析に際して思わぬ傾向が現れたときに分析しやすくなる。また，自分の予想していなかった別な理由によって傾向の偏りが出ないように，質問項目を設定するときには表現方法に至るまで吟味する必要がある。たとえば，「強行採決を行った与党を適切だったと思いますか」という聞き方をすれば，「適切でなかった」という答えが多くなるだろうし，「電気街で有名な秋葉原に行ってみたいですか」と「オタクの聖地で有名な秋葉原に行ってみたいですか」では回答者の受ける印象が変わってしまう。

(2) 定性調査

定性調査とは，数値で表せない個別の状況や因果関係などを追究する調査のことである。インタビューが代表的なものである。実地踏査・フィールドワークは数多く行うことで定量調査にもなりうるが，基本的には定性調査であることが多い。また，アンケートでも自由記述による調査は定性調査と言える。定性調査は個別の事象を明らかにするときや仮説を立てるときに有効である。

インタビューについて簡単に説明しておきたい。インタビューは，質問リストを設けずに会話の中でいろいろなことを教えてもらうインフォーマルインタビューと，質問内容を確定したうえで特定の人物に正式な聞き取りをするフォーマルインタビューとに分けられる。インフォーマルインタビューは，調査対象の人との信頼関係を構築したうえで比較的自由に話してもらい，情報を引き出すものである。これまで気づかなかった問題意識を与えてくれることがある。

フォーマルインタビューは，自分の主張を裏づけるものとしても活用

できるように行うものである。仮説を立てたうえで，自分の主張の論理にあてはまる質問を行うことになる。

　アンケートもインタビューも，問題（仮説）設定のために行うのか，論証のための資料作成のために行うのかという目的意識をもったうえで行わなければならない。学生はこれらの調査を気楽に行いがちだが，実はそれまでの過程が重要なのである。

6. 実践を通して身につける

　ここまで，インターネット情報とのつきあい方，文献収集を中心にした基本情報の調べ方，研究における情報収集などについて述べてきた。初歩的なことを羅列したため，わかりにくいことも多かったことと思う。さらに，実際的で詳細な方法は，実際の調査を行う中において自分で身につけていってほしい。それがアクティブラーニングである。

参考文献

石出靖雄［2016］「『のだ』文の研究―『のだ』文の主題から考える―」『明治大学教養論集』第514巻，明治大学，1-22頁。
江下雅之［2003］『レポートの作り方』中公新書。
酒井隆［2001］『アンケート調査の進め方＜第2版＞』日本経済新聞社。
佐藤郁哉［2002］『フィールドワークの技法』新曜社。
福嶋健伸他［2009］『大学生のための日本語表現トレーニング実践編』三省堂。
山田剛史・林創［2011］『大学生のためのリサーチリテラシー』ミネルヴァ書房。

This is Active Learning

第5講

ディスカッションする

1. なぜ，ディスカッションを行うのか
2. 効果的なディスカッションとは
3. 効果的な「ディスカッション」を行う方法

Part.5 Reaching a Settlement

1 なぜ, ディスカッションを行うのか

多くの意見を認め, 考えを構築するために必要な方法を確認する。

アクティブラーニング形式で学ぶことのポイントは, 教員から一方向に"知識"を学ぶのではなく, 受講者が主体的に情報を集め, 考え, 答えを探し出すことにある。

その答えを探し出すことをプロジェクト形式で行うアクティブラーニングの1つの形態の講義をPBL[1] (課題解決型学習; Project Based Learning) といい, 授業の到達点としては, 最終的に答え・正しい解決に到達したかどうかよりも, むしろその過程を重要視する学習理論である。

そのPBL形式において, 提示された課題に対して, 学生たちが自ら様々な考えを構築していくためにはどのようなことが必要になるだろうか。

その際に必要となる関係を体系的に表したものが図表5-1である。筆者がキャリアの中でコンサルティングを行っていた時に取り組んでいた考え方を簡素化したものだが, Projectを解決に導くためには, クライ

---

[1] もともとは, 社会科の授業の中でデューイが試みた講義の形で, 教師が予め準備した授業案に従って学習するのではなく, 与えられたテーマ (たとえば「私たちの町」というテーマ) について, 個々の生徒が平素, 疑問に思っていることについて, それぞれそれはどうしてだろう? と考え, その仮説が理にかなうかどうか, 自分たちの足や頭, インタビューや実地調査をして確認していくというもので, もし外れていたとしても, また新しい仮説として立ててみる。その悪戦苦闘を繰り返す, 試行錯誤のプロセスの中に, 学習の目的があるし, またその過程そのものが学習といってもよい, というものである。

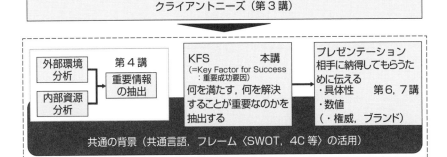

図表 5-1　PBL 形式の問題解決

アントニーズを充分に理解し（「課題の理解」（第3講）），必要と想定される情報を収集・分析（第4講）することが必要となる。そして，その重要情報の中から KFS（重要成功要因；Key Factor for Success）と呼ばれる成功に向けた一番のポイントを抽出することが必要になる。この KFS が何なのかを抽出し，その KFS を満たすための考えを構築するプロセスにディスカッションは必須となる。

少し，話は脱線するが，図表 5-1 の説明を進めると KFS が抽出されれば，その後は考えを伝えるための資料を準備（第6講）し，クライアントへのプレゼンテーション（第7講）を行うことになる。もちろん，1人で考えることには物理的，質的に限界があるので「グループ」での活動が必須となる（第2講）。

すなわち，この本にまとめられたアクティブラーニングは問題解決のすべての要素を網羅している。

話を本講のテーマである「ディスカッション」することに戻すが，課題の解決のためには KFS を効果的・効率的に抽出し，その KFS を同

様に効果的・効率的に実現できるように構築していくことが必要となる。この解を導き出すためには1人ひとりの頭の中に考えを詳らかにし，その中から最も妥当性の高い考えを積み重ねていくことが必要になる。

　自動車の開発の歴史を振り返ってみると，当初，シャシーに内燃機関を載せて走るという自動車は存在自体がイノベーションであったはずである。このような時のKFSはステータスの象徴であったはずで，実現すべき解は豪華さであったと考えられる。また，その後は徐々に多くの人に自動車が行き渡り始めるとステータスとしての時代は運転手付きが主だったろうが，自動車の運転手はオーナーが兼ねるようになる。このような時代は壊れにくさも1つの解となっただろう。車の便利さに気が付いた時，解は価格となったであろうし，価格が解となった場合には燃費も解の要素となりえる。その後は，事故への安全性，環境への優しさと時代を背景に最もマーケットが評価するKFSを見つけながらここまで成長してきたと考えられる（もちろん，時代だけではなく，経済的な成長の過程の中で今まさにその成長を体感している国々もある）。

　すなわち，時代や場所といった情報から考えを構築することの巧拙は企業であれば成功を左右することになると言える。良い考えを構築するためには多くの視点を持ち込むことが必須となる。

　この多くの視点を持ち込むために必要なテーマが「ディスカッション」である。

Part.5 Reaching a Settlement

2 効果的なディスカッションとは

考えを構築するために必要な「ディスカッション」の重要なポイントを確認する。

それでは，まず効果的なディスカッションがどんなものかを考えていく。効果的なディスカッションとは，下記の3つのポイントが成り立っている時に行うことができると考える。

① 目的が明確になっている
② 結論を出す
③ （一定の）マナーが確立されている

1.「目的が明確になっている」ことの必要性

まず，①目的が明確になっているという点について確認していこう。

第2講の「グループ」活動でも述べてきたが，アクティブラーニング形式でProject型の講義を行うために最も重要なことは"目標"を明確にもつことである。「グループ」として，集まるためには"目標"の共有が必要である。同様に考えを構築するために行う1つひとつの「ディスカッション」においてもその中で方向性を共有していることは大切である。Projectとしての"目標"を達成するために「今日は何のディスカッションを行うのか」という「ディスカッション」の目的が"目標"からブレイクダウンされていることが，考えを構築していくという効果的な「ディスカッション」のためには重要になる。

先ほどの自動車の例で考えると，Projectの"目標"はもちろんマー

ケットに評価される自動車を構築することになる。しかし，日々の「ディスカッション」においては当然，そのブレイクダウンされた目的が必要である。

たとえば，自動車に使える新しい燃料の検討を今日は考えようというディスカッションであれば，当然その日に必要な情報は新規の燃料として考えられるものが対象となり，電気を動力としたエンジンや水素を動力としたエンジンがテーマとなることだろう。また，若年層の最初の車に最も求められる要素を考え，今後の開発に活かそうというテーマであれば，若年層の志向に関するデータをもとに「ディスカッション」を行えるだろう。すなわち，目的が明確であればそのための準備ももちろん明確となり，効果的な「ディスカッション」を実現する近道となる。

2.「結論を出す」ことの必要性

次に2つ目のポイントである②「結論を出す」ということについて確認をしよう。

おそらく，みなさんもいろいろなディスカッションを経験されてこられただろう。その中で「ディスカッションがうまくいったなあ，いいディスカッションだった」と思えるのはどういうときだろうか。おそらく，今日行うべき目的に対して結論が出た時ではないだろうか。

何度も集まり，時間を費やしているのに同じ「ディスカッション」を繰り返しており，結論が出ない。このような状態を続けていると，どうしてもチームメンバーはストレスと感じ，モチベーションは低下していくことだろう。このため「ディスカッション」においては，「結論を出す」ということは非常に大切となる。

これまでスケジュールの重要性について説明を加えてきたが，「結論

を出す」ためにもスケジュールがもつ期限への意識は活用可能である。

　小学生の時，みなさんも夏休みの最初に，計画的に宿題を行おうとスケジュールを考えた経験はあるだろう。

「8月1日から早めに時間のかかる日記に取り掛かるぞ」

「得意な算数は，後半でも充分巻き返せるので，8月21日から始めよう」

　筆者の娘もそうだが，このようにどうしてもスタート起点を軸にスケジュールを立ててしまう。

　始める期日を大切にしたスタート起点のスケジュールを構築してしまうと1日ずれるだけでその「スケジュールはもうダメだ」「もう達成できない」となる。このようにならないためには「結論を出す」という意識，すなわち期限を意識することが重要となる。

「いつまでに算数を終わらせなければならないのか」

「日記をいつまでに完成させることにより余裕を作り出したいのか」

　このようにGoal起点でスケジュールを構築し，期限を意識して充分な準備を行う。つまり，期限がもつ特長を活かすことにより，効果的なディスカッションを実現するためのポイント「結論を出す」が実現できるのである。

3.「(一定の) マナーが確立されている」ことの必要性

　最後に，「(一定の) マナーが確立されている」というポイントを見ていきたい。このポイントは一度，みなさんがこれまでされてきたディスカッションを思い出すと理解しやすいだろう。

　ディスカッションのポイント「①目的が明確であり」，「②結論を出す」を実現するためには，当然，様々な意見を組み立てていくという建

設的な「ディスカッション」を行うことが必要である。

　この意見を組み立てていくという行為だが，実は多くの情報がある方が効果的な組み立てが可能になる。情報の中には，もちろん不要なものもあるが，多くの情報を元にディスカッションを行った方がよりよい解に行き着くことが可能となる。

　筆者は，よくこのポイントを公園の砂場での砂山づくりに例えるが，砂場で高い山を作ろうとした時，みなさんはどう考えるだろうか？　おそらく考えられる代表的な方法は2通りである。

　1つは，なるべく広い敷地から砂を積み上げていく方法，そしてもう1つは砂の質を調査し，粘り強いものに変更し，崩れないように枠を作成し固めながら積み上げていくといった方法である（図表5-2）。どちらが小さい子供にとって取り組みやすいだろうか？　経験がある方なら

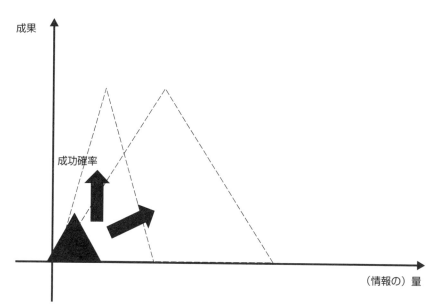

図表5-2　成果と情報量の関係

お分かりだろう。砂の質や枠の強度などの適切なバランスを最初から当てることは難しいのである。

実は，この2つの方法の差は考えを構築する場合も同様である。

成果を上げるために考えを構築していこうとした時に，何が情報として有益なのか，効率的なのかは当初からわかっていることは少ないはずである。いろいろなアプローチを行い，気付きを重ねて答えに行き着くだろう。そう考えると「ディスカッション」の当初はまず多くの考えを出してみる。このことが高い成果を実現する考えの構築のためには必要不可欠なのである。

この多くの考えを出すという最後のポイントを実現するために③「（一定の）マナーが確立されている」ことが必要になる。

それは，人は一定の認知を受けないと安心して意見を出すことは難しいからである。意見を言っても阻害されないという安心できるグループでなければ，安心して多くのアイデアや情報を提供することはできないだろう。この安心を確立していくためにはグループで認知し合えている状態が必要である。

マナーとは，外部から守ることを強制されている。すなわち，守ることが決まっているルールとは異なり，相手のことを考えて自分から自主的に取り組む行為と考えられる。

たとえば，ディスカッションの際にAさんから右回りに意見を1つひとつ言っていこうと決めてしまうことはルールと考えられる。この場合，ルールを厳密に守っていると，自分の意見を言うということは担保され，自分の順番が来る前まで考えればよいが，誰かのいいアイデアに対して順番が来るまでアイデアを重ねることもできない。おそらく単発的に意見だけが蓄積されてしまうのではないだろうか。

一方，マナーとしてグループとして，意見を言っている人のことを遮

らないようにしよう，自分が意見を言うときは挙手をして話している人が重複しないようにしようというマナーが確立されている「グループ」ではどうだろう。もちろんマナーとして「グループ」で考えが確立されているので，重複した会話が続くような混乱は生じない。また，順番制を厳密に守るわけではないので気になることがあれば意見を重ねて，良いアイデアを元に考えを構築していくことも可能になる。どちらのグループのディスカッションが良い成果をもたらすかは明白だろう。このグループの状態を作るために必要なことは，細かくルールを決めてディスカッションの状態を特定しようとするのではなく，グループのことを考えて，自主的に守るべきことを考えられるというマナーが確立されていることなのである。

　このことは主体的な学びのためには，受講しているみなさんのモチベーションが前を向くことが必須であることを考えると，効果的なアクティブラーニングを実現するためには必須の条件となるだろう。

　ここまで見てきた通り，効果的な「ディスカッション」を実現するためには，①目的を明確に持ち，②結論を導くために１人ひとりを尊重して，安心して意見を言い合える状態を作り上げること（③マナーがある状態）を確立し，すなわちこの３つのポイントを創り上げて「ディスカッション」を行うことが重要となる。

Part.5 Reaching a Settlement

3 効果的な「ディスカッション」を行う方法

具体的にポイントを意識した「ディスカッション」を行うための方法を確認する。

次に第2節で確認した以下のポイントを実現するために効果的なディスカッションを行うためにどのような進め方をしていけば良いのかを考えていこう。

① 目的が明確になっている
② 結論が出る
③ （一定の）マナーが確立されている

(1) スケジュールを明確にする

この点はすでに説明済なので割愛するが，Goal起点で期限を意識したスケジュールが共有されていることは「ディスカッション」においても重要となる。

(2) ファシリテーションを考慮する

何かを行うために，必要なことを準備し，円滑に進捗させ，実現することをファシリテーションという。そのファシリテーションに関して，考えていこう。

「グループ」活動のために，スケジュールにより，何を行うべきかという内容およびいつまでに行うのかという期限としての明確化はすでに実現されている。そうした時にその期限を守るために環境を整えること

を考える。

　まず準備すべきことは，ディスカッションを行う環境である。高校までのクラスを思い出してもらうとおそらく教員が学生に向かって話をする形で授業を行っていた（図表5-3）。この授業風景を一般的には学校形式と言うが，なぜこの風景で行われているか考えてみよう。

　学校形式の一番の特長は1人ひとりから教員の姿が見やすい，すなわち1人ひとり，教員から指導を受けるには適した形式になっている。高校までの評価（テスト）は，個人が勉強内容に対しての習熟度をはかれるものであることを考えると，学校形式の特長と目的は合致しており適していると言える。

　一方，ビジネスの現場であるオフィス環境はどうだろうか。

　様々な工夫がなされているので，一概には言えないが，島形式の企業が多いだろう（図表5-3）。この形式の特長は様々なメンバーと目を合わせて話ができることである。つまり，企業で成果を上げるために「グループ」で「ディスカッション」を行うことが想定されている。多くのメンバーと課題に対しての意見をたたかわせ，意見を構築する。そのために座席が考えられている。先述の通り，アクティブラーニングでプロジェクトに取り組む際にも当然，このような工夫は必要となる。誰か1人が特別な存在となってしまうのではなく，同じ立場で目と目を合わせることができるような環境の準備が必要である。

　ぜひ，この本を読んだみなさんが率先して，効果的なディスカッションを行うために，1人ひとりの意見を尊重し合えるムード作りとして，環境作りから始めてほしい。

　次に行うべきファシリテーションは，共有化（＝見える化）である。

　このような経験をお持ちではないだろうか。

　1週間前のディスカッションの続きを行おうとした時に，前提と考え

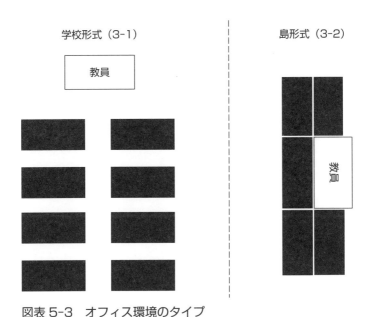

図表5-3　オフィス環境のタイプ

ていたことがメンバー同士で異なり，ディスカッションが成立しなかったというものである。これは，先週の内容が共有化されていないことが生じさせる問題である。

　つまり，目標に向かって，一定のスケジュールがオンタイムで進捗してきたにもかかわらず，折角のこれまでの議論の成果が共有化されておらず，それぞれのメンバーが勝手な解釈を重ねているという状態を作り出してしまった。

　このような状態は結果として，ディスカッションが個人の解釈に影響を受けてしまう。このことにより改めて先週の「ディスカッション」に遡らねばならず，ストレスの高いディスカッションを繰り返すこととなり，第2節の②「結論を出す」ことができないこととなる。

　このような問題を生じさせないためにはどうすれば良いのだろうか。
　取り組むべきは，これまでに調査されてきた情報，ディスカッション

されてきた成果，等についてメンバーが共有している状態を作り上げることである。

そのために議事録であったり，情報をまとめた簡単なメモであったり，どのようなものでも良いので，みんなが同じものを見ることにより内容を共有しておくことが重要である。踏み込んで説明すると，記憶だけに頼り，「まあこう思ってくれているだろう」という暗黙下での確認に留めずに，記録として詳らかにすることにより，1つひとつの内容をメンバーが確認し，共有している状態を作り上げる。

具体的には，ディスカッションの都度，記録を残すくせを付け，その記録をメンバーで共有し共通の記録（マスタデータ）とすることが有益である。さらに「ディスカッション」時のファシリテーターとしての工夫としては，見える化を意識してもらうことを推奨する。たとえば，ホワイトボードや模造紙等を活用し，メンバー全員が同じものを見られる状態を常に意識することで参画意識を熟成することは可能である。また，ポストイットの活用やマジックの色を変える等の工夫を行うことは，「ディスカッション」内容を記録・修正しやすくすることによりスムーズに共有化を実現する手助けをしてくれることだろう。共有化を実現することにより積み上げられてきた「ディスカッション」内容を活用し，目的を意識し，議論に対して結論を出し，考え方を構築していくことが可能となる。

このファシリテーションの技能は近年注目を集めており，ファシリテーターの養成について，多くの本が発刊されており，書店でも多くの売場面積が割かれている。アクティブラーニングで，この重要なファシリテーション技能を実践的に学ぶことは大きな経験になる。ぜひ，積極的な姿勢で考え，学んでもらいたい。

最後に，多くの意見が出て考えが構築できる「ディスカッション」と

するための具体的な方法について確認する（図表5-4として概念図を提示する）。その方法は大きく2つの段階に大別される。

第一段階は，まず，意見を多く集めることである。

その代表的な手法であるブレインストーミングについて説明する。ブレインストーミングとは，集団で意見を出し合うことによって相互交錯の連鎖反応や発想の誘発を期待する技法である。

ブレインストーミングを効果的に行うためには，以下の4原則を守ることが必要である。

（1）判断・結論を出さない（結論厳禁）

自由なアイデア抽出を制限するような，批判を含む判断・結論は慎む。判断・結論は，ブレインストーミングの次の段階にゆずる。ただし可能性を広く抽出するための質問や意見ならば，その場で自由にぶつけ合う。たとえば「予算が足りない」と否定するのはこの段階では正しくないが，「予算が足りないがどう対応するのか」と可能性を広げる発言は歓迎される。

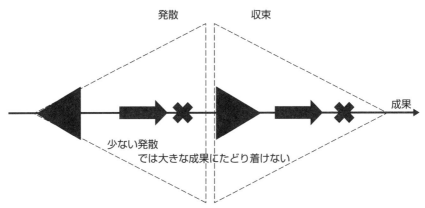

図表5-4　ディスカッションの概念図

(2) 粗野な考えを歓迎する（自由奔放）

誰もが思いつきそうなアイデアよりも，奇抜な考え方やユニークで斬新なアイデアを重視する。新規性のある発明は，たいてい最初は笑いものにされることが多く，そういった提案こそ重視すること。

(3) 量を重視する（質より量）

様々な角度から，多くのアイデアを出す。一般的な考え方・アイデアはもちろん，一般的でなく新規性のある考え方・アイデアまであらゆる提案を歓迎する。

(4) 意見を結合し発展させる（結合改善）

別々のアイデアをくっつけたり一部を変化させたりすることで，新たなアイデアを生み出していく。他人の意見に便乗することが推奨される。

先のマナーの話と同様だが，メンバーの頭の中の意見を発散させることに注力させるためには，意見を出すことに集中させ，モチベーションをもってもらうことが大切となる。

次の段階は，収束の段階である。得られた多くの情報をメンバーで共有しながら取りまとめていく。

収束の代表的な方法としては，KJ法（集まった膨大な情報について，カードを使って可視化し，構造化を検討しながらまとめていく方法）やマインドマップ（表現したい概念の中心となるキーワードやイメージを紙や画面の中央に置き，そこから放射状にキーワードやイメージを広げ，つなげていく。思考を整理し，発想を豊かにし，記憶力を高めるために，想像（imagination）と連想（association）を用いて思考を展開する）といった方法がある。

ここでは，一般的では無いかも知れないが，筆者が大切にしている"なぜ"を繰り返すことによる収束の方法を説明する。

　これは，ある事象に対して，"なぜ"そうなったのかということを論理的なつながりを積み重ねていく方法である。たとえば，ある機械が止まった場合，1つ目の"なぜ"はなぜ機械が止まったのかである。原因はヒューズがとんだことだった。ここでヒューズを直して，対応を終了してしまっていては，またすぐに機械は止まってしまうだろう。そこで大切なのは，もう一度"なぜ"を問いかけることである。原因は過度な負荷が機械にかかっていたことだった。"なぜ"過度な負荷がかかっていたのだろうか。ある部品に傷がついておりその部品が引っ掛かっていたことが問題だった。そうすると解決策は，ヒューズを付け替えるという場当たり的な対応ではなく，傷ついた部品を取り換えることとなる（もちろんさらになぜを重ね，傷ついた原因を探っていくことも重要である）。

　今回は故障を題材に"なぜ"を繰り返したが，このように本質まで検討し，収束させていくことが目的を達成する「ディスカッション」には重要である。

　車を拡販するという目標を達成するためには，いろいろな課題が存在する。おそらくブレインストーミングの中では，以下のような多くの意見が出て，発散したことだろう。

・経済が停滞していたため価格負担が大きくなった
・移動の手段のレパートリーが広がった
・運転という行為に対して積極的に取り組む人が減少した　等，

　その1つひとつに対応していったとしても下記のようなパッチワークのような対応となってしまい本質に行き着くことはない。

・価格を下げる
・他の移動手段との差別化を PR する
・運転の楽しさを伝える

そこで先ほどのように"なぜ"を繰り返してみることが必要になる。

便利になり過ぎたことで運転は退屈な作業に成り下がった。退屈な作業はしたくないから他の移動手段であれば，メンバー全員が運転に縛られない。運転が無ければ，全員で気兼ねなく，楽しむことが実現できる。とすると本質的には自動運転を実現することが次のイノベーションには必須の要素になるかも知れない（あくまで簡単な展開のみである。ぜひ，詳細なディスカッションをみなさんとトライしたいと思う）。

"なぜ"を導くことを行うために大切なポイントを挙げておくと，以下のとおりである。

① 検討のために事象や"なぜ"について簡単な表現を心掛ける
② ロジカルさが通るかを何度も確認する
③ シンプルな"なぜ"を意識する
④ 実際に動き出せるような具体策まで繰り返す
⑤ 具体策を実際に活用できるかをトライアルとしてやってみる

ぜひ，何かの考えを構築することにトライしてもらいたい。

最後に「ディスカッション」を成功させるための一番大切なことを伝える。それは，ストーリーが成り立っているのかを最後に確認するという行為である。これまでプロセスとして必要なことを伝えてきた。徐々にメンバーの中では最高の考えが確立されたという高揚感が高まっていることだろう。このような状態となることは「ディスカッション」を進

捗させるためには重要なことである。

　しかし，PBLにおいてみなさんが最終的に伝えるべき方々はメンバー外の方々である。そのような方々はディスカッションの経過をすべて見てくれるわけではない。ディスカッションの経過の中で良い意見が出ていたとしてもその部分を補足しながら聞いてくれることはない。

　このためディスカッションが終わり，結果が出たらぜひ一度落ち着いて，みなさんが構築した考えが成り立っているのか，納得いただけるストーリーが成立しているのかを見直していただきたい。この最後のプロセスこそが論理性を担保するポイントとなる。

参考文献
川喜田二郎［1967］『発想法：創造性開発のために』中央公論社（中公新書）。
ジョン・デューイ［1957］『学校と社会』岩波書店（岩波文庫）。
トニー・ブザン著，近田美季子訳『新版 ザ・マインドマップ』ダイヤモンド社。

This is Active Learning

第6講

レジュメを作成する

1. アクティブラーニングにおけるレジュメとは何か
2. レジュメの構成内容
3. 引用の方法と考え方
4. 文献リストの表記方法

Part.6 Preparing Materials

1 アクティブラーニングにおけるレジュメとは何か

第6講では，レジュメ（ハンドアウト）の作成について検討していく。とくに，課題解決型のアクティブラーニングを対象としたレジュメの作成について考察していく。

そもそもレジュメとは，発表や報告をする際に，その内容の要点や要旨，概要を，箇条書きもしくは文章化したものを指す。要約を意味するフランス語の résumé がその由来である。近年では，レジュメの呼び名のほかにハンドアウト（英語：handout）と言う場合もあるが，ともに要点や概略を文書化するという点ではその役割，構成する内容は同じである。

専門課程でのゼミ・演習になると，指定された文献の該当箇所や章を事前に各自読み込み，そのうえでゼミ・演習の時間では，その内容についてゼミのメンバー同士で議論することが一般的である。そして，その議論に先立ち，まず文献の該当箇所や章の内容の把握，また関連する基礎的な知識を理解する必要がある。そこで，必要最低限の要点や概要，さらに関連情報をゼミのメンバーで共有するために，報告担当者がレジュメを作成し，レジュメの内容の報告をゼミ・演習の冒頭で行う。

このほかに，卒業論文やレポートの報告をする際に，それらの論旨としてレジュメを作成することもある。ただ分野や専攻するゼミ・演習によっては，レジュメの書式や形式が若干異なる可能性もあるため，担当する教員に確認してもらいたい。

また同様に，アクティブラーニングにおけるレジュメの作成も，その形式や構成も若干異なる場合がある。通常のゼミ・演習でのレジュメは，文献の要約や概略の把握のためである。しかし，アクティブラーニ

ング，とくに課題解決型のアクティブラーニングのレジュメは，相手に対し，提案する企画案や自らの主張の概略を単に紹介し伝えるためのものではない。それだけでは不十分である。提案する企画案が採択される，あるいは自らの主張が通るものでなければならない。つまり，課題解決型のアクティブラーニングのレジュメは，相手を説得させるだけの内容や構成でなければならない。「紹介する」，「伝える」だけではなく，相手を「説得する」ためのツールとしての役割を果たすものがレジュメである。

レジュメの要素とは，具体的に換言すれば，以下の4点に集約できる。

---

① 提案や主張があること
② 提案や主張の判断材料となるデータや資料の提示があること
③ そしてそれらから導き出される客観的な理由や根拠の提示があること
④ さらに一貫した論理展開から成る提案や主張の構成，ストーリーが取られていること

この4つの要素によって，課題解決型のアクティブラーニングのレジュメを作成することがポイントである。すなわち，相手を説得できるだけの判断材料や理由・根拠がいかに提示できているか，またその判断材料や理由・根拠から導き出される提案や主張が論理的であるかが問われる。相手に「伝える」だけではなく，効果的に「説得する」ためのコミュニケーション・ツールとしてレジュメが作成され，活用されることが肝心である。したがって，課題解決型のレジュメは，相手を「説得す

る」ためのコミュニケーション・ツールである，ということを念頭に置いて，レジュメ作成を行うことが重要である。

　また，「伝える」ことと「説得する」ことの違いは，高校までの作文や感想文と，大学以降作成することになるレジュメ，レポート，論文との違いでもある。その両者の違いについて渡邊［2015］は，作文や感想文は，どう「感じたか」「思ったか」「考えたか」という書き手の意思や主観を表明する「文学的文章」であり，それに対し，レポート，論文は，主観ではなく客観性を重視するために理由と根拠を積み重ねる「学術的文章」であると論じている。作文や感想文に代表されるように，高校までは自らの意見，意思をもつこと，そしてそれを他者に表明し，伝えることが重要視された［久保，2015］。しかし，大学や社会に入ると，相手と交渉し，説得し，合意を得なければならない機会が増えてくる。そうした時，作文や感想文のように「こう思った」という思いや意思の表明だけでは，交渉相手から「そう思った理由は？」「そもそもその根拠となる資料やデータは？」と矢継ぎ早に質問され，判断材料と根拠のない提案や主張は，現実的ではない机上の空論と判断されてしまう。そして，説得材料がないために，「あなたはそう思うかも知れないが，私はそう思わない」という主観や感情での議論で平行線をたどり，説得に失敗することになる。

　つまり，データや資料などの判断材料と根拠のうえに立つ提案や主張に欠くもの，また判断材料や根拠に欠くものは，客観的な提案や主張ではなく，主観的な「思い」や「考え」に留まることになる。したがって，レジュメ，レポート，論文を作成する文章表現上だけではなく，これらの発表・報告の際には，「思う」「考える」などの表現は，根拠のない主観的な表現ととらえられ，議論の余地を残す可能性があるため，使用しないことをおすすめする。

そこで，高校までのような作文や感想文による「伝える」ことに加え，レジュメ，レポート，論文を活用し「説得する」技法も習得する必要がある。上述したレジュメの4つの要素，つまり，資料やデータによって，客観的理由と根拠を析出し，一貫した論理展開によって，提案や主張までのストーリーを作り上げる。これらの要素は，課題解決型のレジュメだけではなく，むしろレポートや論文を作成する際に最も必要とされる要素である。また，大学だけでなく社会でも求められる能力である。したがって，この講では，課題解決型のアクティブラーニングを対象としたレジュメの作成について検討する。

Part.6 Preparing Materials

2 レジュメの構成内容

まずレジュメ作成のプロセスと構成内容について理解する。

1. レジュメ作成のプロセス

　レジュメの構成内容をどのようにしたらよいのか？まず基本となるのは，レジュメの4つの要素，つまり①提案や主張，②資料やデータの提示，③客観的理由と根拠の提示，④一貫した論理展開を踏まえた構成内容にすることである。

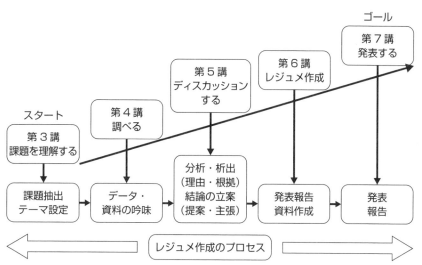

図表6-1　レジュメ作成までのプロセス
（出所）筆者作成

ところが，4つの要素のうち，①提案や主張，②資料やデータ，③客観的理由や根拠の3つの要素については，実はすでにこれまでの講で習得している。

　図表6-1は，これまでの講の構成をレジュメ作成の観点から見たものである。各講の役割を再確認しながら，レジュメ作成のプロセスを説明する。まず，第3講の「課題を理解する」では，課題およびその課題が生じた背景や現状を分析することによって，どこに本当の問題・課題が隠されているのか，という課題の理解や課題の抽出，課題テーマの設定を行うことを学んだ。そして，その設定した課題を解き明かすための糸口を見つけるために，まず「調べる」ことから始める。そのために，第4講の「調べる」では，インターネットや文献を活用したデータや資料の収集，また簡単な調査方法によって，データ・資料を吟味し，提案や主張の判断材料となるデータや資料の提示を行うことを理解した。さらに，第5講の「ディスカッションする」では，データ・資料を分析することによって，理由や根拠を析出し，提案や主張という結論を導き出すことについてもすでに習得した。したがって，レジュメの構成内容は，これまでの第3講から第5講までの流れをまとめ，整理し文書化することである。そして，第7講の「発表する」の「パワーポイントで発表する」ための発表・報告資料となるスライドが，レジュメでもある。レジュメ作成のプロセスは，これまでの各講の流れ・展開を踏襲すればよいことになる。

　したがって，レジュメの主な構成内容は，以下の4点に集約できる。

① 　課題抽出（課題が生じた背景・現状の分析，課題抽出・テーマ設定）

> ② 提案や主張の判断材料となるデータや資料の提示
> ③ データや資料の分析による理由や根拠の析出
> ④ 結論（提案や主張の立案）

　つまり，この4つの内容を編成することによってレジュメの作成を行う。そしてまた，この①から④までの構成の順序をたどることによって，論理構成の一貫性が保たれる。

2. レジュメの構成内容

　次に，パワーポイントでレジュメを作成することを前提に，レジュメ構成の一例を図表6-2に示す。あくまで一例であるため，図表6-2の構成内容や順序にこだわる必要はない。たとえば図表6-2では，「データ・資料の提示→分析内容→結論」の流れになっているが，先に結論を提示し，全貌を明らかにする方法もあり「結論→データ・資料の提示→分析内容→結論の再掲」などの構成内容もありうる。どのようにしたら相手を効果的に説得できるかという観点から，構成内容と順序を各自・チームで検討してほしい。

　そして，とくにパワーポイントでレジュメを作成する場合，パワーポイントのスライドのビジュアルの良さやテクニックに走るのではなく，あくまで「説得する」ために，単純明快なストーリーによって説得の流れを作ることが重要である。レポートや論文について渡邊［2015，5頁］が，「レポートや論文とは，たった1つの伝えたいこと（これを主張と言います）を筋道を立てて説明する文章なのです」と述べているように，課題解決型のレジュメも同様である。つまり，課題・テーマに対して結

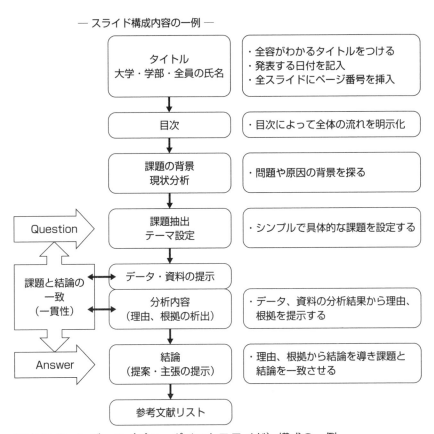

図表 6-2　レジュメ（パワーポイントスライド）構成の一例
（出所）筆者作成

論が対応できているか（Question に対して Answer は答えているか，図表 6-2 参照），そして，すべての文章，情報が，結論に集約されているか，結論にすべてが結びついているかが論理の一貫性を示すものである。見た目のよさも大事であるが，提案や主張の中身，またそれらを導く論理・ロジックが説得の要である。上記に示したレジュメの構成内容の 4 つの観点から，レジュメを作成すること心がけてほしい。

Part.6 Preparing Materials

3 引用の方法と考え方

引用の必要性，そして引用の方法およびデータや資料の提示の方法について理解する。

1. 引用について

　課題解決型のレジュメは，データや資料によって，客観的理由と根拠を析出し，一貫した論理展開によって，提案や主張がなされているものである。逆の視点から見ると，高崎［2010, 117頁］が指摘しているように，「自身の主張を補強したり，主張の妥当性を高める際」に，データや資料が活用される。したがって，提案や主張のもととなる，あるいは理由や根拠のもととなる，データや資料，文章の提示や取り扱いが非常に重要であることを示している。すでに，どのようにデータや資料を探すのか，ということについては第4講で学んでいるはずである。そこで，この講では，データや資料の提示の方法，具体的には文章の直接引用と間接引用の方法について説明を行う。

　第一に，データや資料は信頼できるものを活用することである。つまり，石井［2013, 20頁］が論じているように，「『信頼できるデータ』とは，公的機関による調査から導き出されたものや，専門分野の引用データ」のことである。データや資料の収集，分析について信憑性が高いもの，責任の所在が明確なもの，専門的な考察がなされているデータや資料，文章などである。したがって，情報の信頼度，信憑性の低い個人のブログやウィキペディアなどは，信頼できる（引用できる）データ，資

料，文章には当てはまらないことに注意を要する。

　第二に，著作権を侵害しないことである。他人の書いた文章と自分の書いた文章の区別を明記せずに，他人の文章を，あたかも自分が書いたように記述することを，盗用・剽窃という。盗用・剽窃は，著作権の侵害にあたる。したがって，不正行為である盗用・剽窃が発覚した場合は，各大学，会社・組織のルールによって厳正に対処されるだけでなく，著者からの賠償請求が生じる可能性もある。発覚しなければよいという安易な考えは慎むと同時に，レジュメにかかわらずレポート，論文，企画書，書籍など，また学生という立場にかかわらずいかなる立場であっても，盗用・剽窃は行ってはならない。

2. 直接引用と間接引用

　では，他人の文章を活用する（引用する）ときにはどうすればよいのか？それは，他人の文章であるということを明記し，自分の文章との区別をつければよい。具体的には，白井・高橋［2008，49頁］が述べているように，「引用した場合は，かならず引用した事実を明記し，出所（または出典とも言う）を記載」すればよい。引用には，直接引用と間接引用の2つがある。分野や専攻によって直接引用と間接引用のそれぞれに若干の表記の違いがあるため，指導する教員に引用方法についてそれぞれ確認をしてもらいたい。ここでは代表的な表記方法（図表6-3，6-4，6-5参照）について一例を紹介する。

　直接引用とは，一字一句，言葉を変えることなくそのまま原文を引くことを指す。間接引用とは，原文の内容を自分の言葉に置き換えて要約することを指す。直接引用，間接引用ともに，原文の文脈に即した引用を行うことがルールである。そして，主張やレジュメの中核となる文章

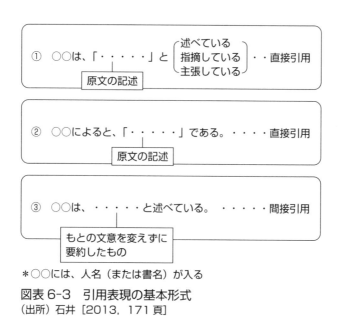

*○○には、人名（または書名）が入る

図表6-3　引用表現の基本形式
(出所) 石井 [2013, 171頁]

は自分の言葉で書き，引用で置き換えることはしない。なぜなら，渡辺 [2015, 77頁] が示すように，「あくまで文章の主役は書き手の考えであり，引用は主役を支えるもの」であるからである。自らの判断，見解を述べる提案や主張が「主」であり，それを補強する引用の文章は「従」であるという主従関係の逆転があってはならない。大事なことは自分の言葉で書く。そして，あくまで引用はそれを補強するものであるという関係を守ることも大事である。

　　　　　　　　　　　　　　　　　　　①出所先の情報

　　久保［2017, 38頁］は，フューチャースキル講座の目的は，
「社会で求められている力を学生自らに『気づかせる』こと」
であると指摘している。　　②引用の開始と終了の合図

直接引用：原文をそのまま表記すること。
①出所先の情報を記載する。情報内容，その順番は下記の通り。
　　　著者名→［　　］→発行年度→「，」→ページ番号・頁
　　　　（上記の例）久保［2017，38頁］
②直接引用する原文に「　」をつける。
　（補足）引用する原文に「」がついている文章・単語は『』に
　　　　変換する。　「気づかせる」　→　『気づかせる』

図表6-4　直接引用の一例
（出所）筆者作成

　　　　　　　　　　　　　　　　　　①間接引用の合図の一表現

　　久保［2017］によれば，フューチャースキル講座は，知
識のインプット・習得ではなく，知識のアウトプット・活
用に焦点を当てていると述べている。　②原文の要約の文章

間接引用：原文を要約して表記すること。
①出所先の情報を記載する。情報内容，その順番は下記の通り。
　　　著者名→［　　］→発行年度
　　　　（上記の例）久保［2017］
②間接引用する原文を要約する。

図表6-5　間接引用の一例
（出所）筆者作成

Part.6 Preparing Materials

4 文献リストの表記方法

文献リストを作成するにあたっての表記の方法，書誌情報の掲載の方法について理解する。

　直接引用や間接引用を行った場合，また参考にした文献，新聞，サイト・URL 等があれば，レジュメの最後に文献リストを記載するのがレジュメのルールである。逆に，文献リストが存在しないレジュメは，根拠となるデータや資料，文章を活用していないことになるため，レジュメの評価や信憑性を下げることになる。したがって，文献リストを記載することも重要である。

　そして，書籍，論文，翻訳本，英語文献，新聞，サイトなどの種類によってその表記方法が異なる。ここでは代表的な一例を列挙するが，分野，専攻ごとに異なる場合もあるため，指導している教員に確認してもらいたい。

　文献リストを作成する場合，少なくとも書誌情報（①著者名，②出版年度，③題名・タイトル，④発行所など）を記載することが一般的である。下記に，書籍，論文などの種類ごとの書誌情報の内容とその順番の一例を示す。

○書籍の一例

　著者名→［発行年度］→『書籍の題名・タイトル』→発行所→「。」
　（例）出見世信之［2004］『企業倫理入門：企業と社会との関係を考える』同文舘出版。

〇書籍に収録されている章や論文の一例

著者名→［発行年度］→「章や論文の題名・タイトル」→編者→『書籍の題名・タイトル』→発行所→「,」→掲載ページ番号→「。」

（例）大高研道［2013］「社会的企業が提起する正統的周辺参加アプローチ」藤井敦史・原田晃樹・大高研道編者『闘う社会的企業』勁草書房，278-302 頁。

〇雑誌論文や論文集や研究紀要の一例

著者名→［発行年度］→「論文の題名・タイトル」→『雑誌の題名・タイトル』→「,」→巻号数→「,」→掲載ページ番号→「。」

（例）青木宏之［2016］「1950 年代における要員合理化と労使関係―高炉メーカー F 製鉄の事例―」『香川大学経済学部研究年報』，第 55 巻，107-126 頁。

〇英語書籍の一例

著者の姓→「,」→著者の名→「.」→［発行年度］→書籍の題名・タイトルをイタリック体で表記→発行された場所→「,」→発行所→「.」

（例）Anthony, G. [1998] *The Third way*, Cambridge, Policy Press.

〇翻訳本の一例

英語書籍の書誌情報の次に→（ ）→翻訳者名→『書籍の題名・タイトル』→発行所→「,」→発行年度→「。」

（例）Anthony, G. [1998] *The Third way*, Cambridge, Policy Press.（佐和隆光訳『第三の道』日本経済新聞社，1999 年。）

○新聞記事の一例

著者名（著者名がない場合は新聞社名）→「記事の題名・タイトル」→『新聞社名』→朝刊 or 夕刊→「，」→発行年月日→「，」→掲載ページ→「。」

（例）長崎潤一郎・南日慶子「増税対象 見直し本格化」『朝日新聞』朝刊，2017年11月29日，7面。

そして，インターネット上の文書やホームページなどから引用する場合も情報を記載しなければならない。ただし，紙媒体と異なり，インターネット上の情報は，サイト上の情報が削除されたり，サイトそのものが閉鎖されたりする場合もあるため，情報源の確認が取れない可能性が生じる。そのため，その情報やサイトが確かに閲覧できたことを証明するために，閲覧日（あるいは情報取得日，アクセス確認日）を記載すると同時に，閲覧日は常に最新の日付を記載することがポイントである。

○インターネット上の文書の一例

通常の書誌情報→「，」→ URL →（アクセス確認日）→「。」

（例）石川公彦［2015］「非正規労働者の組織化における主体形成とリーダーシップの複線化：旧イオンリテール労働組合の事例から」『労働法律旬報社』，1831号，122-134頁，http://www.fair-labor.soc.hit-u.ac.jp/rh-junpo/150125.pdf（アクセス確認日 2017年11月30日）。

○ホームページからの情報を掲載する一例

サイトの運営組織名→ URL →（アクセス確認日）→「。」

（例）明治大学 https://www.meiji.ac.jp/（アクセス確認日 2017年11

月30日)。

○**図表のキャプション・出所のつけ方の一例**

図表→通し番号→タイトルの順で表記

図表1　求人総数および民間企業就職希望者数・求人倍率の推移

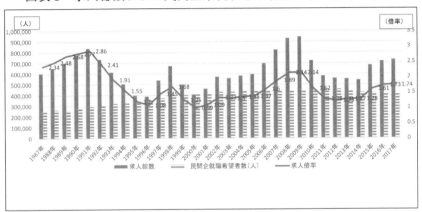

(出所) リクルート［2016］「第33回ワークス求人倍率調査 (2017年卒)」
『Works flash』リクルートワークス研究所。

・図表、統計データなどにも必ず出所を付ける
・自らが調査、収集した統計やアンケート結果の場合は、
　(出所) 筆者作成。
　などと表記する。

参考文献

石井一成［2013］『ゼロからわかる大学生のためのレポート・論文の書き方』ナツメ社。

久保隆光［2015］「学生の『気付き』から気付く専門講義への示唆」『大学教育と情報』，No.2，公益社団法人私立大学情報教育協会，11-12頁。

柴山盛生・遠藤紘司・東千秋［2008］『問題の発見と解決の技法』財団法人放送大学教育振興会。

白石利明・高橋一郎［2008］『よくわかる卒論の書き方』ミネルヴァ書房。

高崎みどり編著［2010］『大学生のための『論文』執筆の手引き─卒論・レポート・発表演習の乗り切り方─』秀和システム。

長沢朋哉［2015］『新人広告プランナーが入社時に叩き込まれる『プレゼンテーション』基礎講座』日本実業出版社。

浜田麻里・平尾得子・由井紀久子［2002］『大学生と留学生のための論文ワークブック』くろしお出版。

渡邊淳子［2015］『大学生のための論文・レポートの論理的な書き方』研究社。

This is Active Learning

第7講

発表する

1. 聞き手を知る
2. 発表資料を作る
3. プレゼンテーションを行う
4. 英語で発表する

Part.7 Making a Presentation

1 聞き手を知る

本節では，発表を行うに当たって，確認すべきこととして，誰に対して発表するのか，聞き手はどのような人なのかを確認することが大切であることを示す。

　発表は，自分たちがまとめた考えを自分たち以外の人に理解してもらうためのものである。ここでは，口頭での発表を想定しているが，自分たちの考えを論文にまとめて発表することもでき，明治大学商学部のように，毎年，奨学論文の募集を行い，学生が自分たちの考えを論文にまとめ公表できるように，機会を設けているところもある。また，日本銀行などが大学生向けに懸賞論文の募集も行っている。

　さらには，研究者の集まりである学会では，商学や経営学に限らず，様々な分野において，ポスターセッションを行っている。これは，自分たちの考えを1枚のポスターにまとめて，学会の参加者の前で発表するものである。口頭の発表においても，論文と同じように，序論，本論，結論という構成がある。序論は，発表の導入でもあるが，最初に聞き手の注意や関心を高めると，よい発表ができる。

　よい発表の具体的な例として，You Tube や NHK で，TED という非営利組織が主催する発表会が参考になる。NHK では，「スーパープレゼンテーション」というタイトルで放送されている。TED は，Technology Entertainment Design の頭文字をとったもので，新しいアイディアを世界に広めることを目的として設立された組織である。そのため，自分のアイディアを発表する者は，聴衆にわかりやすいように発表を行う。それでは，どのようにすれば，TED でのプレゼンテーションのように，聴衆にわかりやすい発表になるのだろうか。

第6講で確認したように，レジュメは，発表する際に，その内容の要点や要旨，概要を，箇条書きもしくは文章化したものである。レジュメをしっかり作成し，それを読みさえすれば，よい発表となり，聞き手は理解できるのだろうか。また，授業やゼミなどで発表する時と，企業主催のビジネスコンテストや大学主催のプレゼン大会で発表する時と，同じ発表の仕方でよいのだろうか。答えは，否である。授業の課題として教室で発表すればよいものもあるかもしれないが，そうした発表は，大学以外の場では求められることはない。

　発表することは，自分の考えを他人に伝えることであり，聞き手は，単に自分の知識を増やすために聞いているかもしれないし，発表の内容を評価するために聞いているのかもしれない。さらには，その考えを利用して，新たなビジネスを始めようとしていることもあるだろう。また，授業やゼミであっても，第3講で取り上げたように，授業に協力いただいている企業の方に対して，与えられた課題に取り組み，それへの解決策を発表するのであれば，他の授業の時とは，異なる発表となるだろう。

　それゆえ，発表を行う前に，誰に対して発表するかを確認することはとても重要なことになる。聞き手のことを想定し，導入でどのようなことを述べれば，聞き手の関心を高めることができるか，発表の結論は聞き手が求めているものになっているのかなどを確認できる。論文の書き方などでは，頭括型と呼ばれているが，聞き手の関心を高めるには，最初に結論を述べることも重要である。仮に発表時間が10分間であるとして，8分ほど経過してから結論を述べるよりは，最初に結論を述べ，自分たちがそう考えた理由を結論の後に続けた方が聞き手は理解しやすいだろう。

　また，発表の準備に当たり，聞き手は，どこにいるかということも確認した方がよい。後で述べるように，スライドを利用して発表できると

ころが多くなっているが，NHK が成人の日に開催している「青年の主張」やスピーチ・コンテストのように，スライドを利用しないものもある。スライドが利用できるところでも，会場の大きさ，スクリーンの位置，プロジェクターの機能など，発表の準備の前に確認することができれば，よりよい発表ができる。発表の前に，しっかりとした準備が大切なのである。

Part.7 Making a Presentation

2 発表資料を作る

本節では，PowerPoint や Keynote を利用して，より有効に発表するための資料を作成する際の注意点を確認する。

　レジュメは，発表内容の要点や要旨を簡潔に示したものであるが，聞き手に配布したレジュメを読んでもらうのは，発表の前後と考えた方がよい。ここでの発表資料は，レジュメや論文ではなく，パソコンの PowerPoint や Keynote などを利用して作成するものを想定している。資料を作成するに当たって，まず，確認したいのは，発表で注目させたいのは何かということである。もちろん，それは，発表の中身であって，スライドでも映像でもない。そのため，レジュメよりもさらに簡潔にすることが求められる。

　スライドでは，導入の段階で，聞き手の注意を引き，問題を共有できるようにし，そのために，最初に発表の結論を示す方法もある。田口［2017］は，発表の最初の1分間を「黄金の1分間」として，プレゼンテーションの核となるメッセージと聞き手とを結びつけるものを用意すべきだとしている。導入部分は，発表時間の約1割を占めるが，聞き手と問題意識を共有し，発表の構成を簡潔に示すことが主な内容となる。田口［2017］によると，本論の部分は発表時間の8割ほどにして，問題の解決策やさらなる課題を示し，その合理的な理由を示すことになる。

　田口［2017］は，発表の結論部分において，明確な要約を示し，解決策の影響や課題を示すとよいとしている。結論部分は，発表全体の1割程度である。また，田口［2017］は，「10・20・30」の法則として，スライドは10枚，プレゼンテーションの時間は20分，使用するフォント

は30ポイント以上という考えを紹介している。ここでのプレゼンテーションの時間には，質疑応答の時間も含まれるので，その場合，発表の時間は10分になるという。そのため，スライドは10枚となるというのである。作成するスライドの枚数は，発表時間により決まることになる。せいぜい，1分1枚と考えた方がよい。

　簡潔なスライドにするため，その作成において，よく言われることは，まず，「ワンスライド，ワンメッセージ」である。図表7-1は「ワンスライド，ワンメッセージではない例」，図表7-2は「ワンスライド，ワンメッセージの例」である。手元で見ていると，両者の違いは，それほどないように見えるが，発表をしている時にプロジェクターによりスクリーンで映し出されていることを考えたらどうだろうか。その際，発表者から口頭での説明が行われており，1つのメッセージを聞いている際に，2つのメッセージを見ることは容易ではない。

　そのため，スライドを見ただけでも理解できることが大切になる。配布資料としてのレジュメであれば，読んで理解できればよいのであるが，発表の際のスライドは，読むのではなく，見ただけで，何が書かれているのか容易にわかるようにした方がよい。

第6講のポイント	第7講のポイント
1. アクティブラーニングにおけるレジュメ 2. レジュメの構成内容 3. 引用 4. 文献リスト	1. 聞き手を知る 2. 発表資料を作る 3. プレゼンテーションを行う 4. 英語で発表する

図表7-1　ワンスライド，ワンメッセージではない例
出所：筆者作成

```
第7講のポイント
 1. 聞き手を知る
 2. 発表資料を作る
 3. プレゼンテーションを行う
 4. 英語で発表する
```

図表 7-2　ワンスライド，ワンメッセージの例
出所：筆者作成

　スライドを見て理解してもらうためには，あいまい表現を避け，文章はできるだけ少なくする。たとえば，図表 7-3 と図表 7-4 は，あいまい表現を使った例とそうでない例である。この例では，「通学時間が長いと遅刻する」という仮説を検証するために，大学生 100 名に対してアンケート調査を行ったことを想定している。図表 7-3 の中にある，「少し」「長め」「ほぼ」は，「多少」「たぶん」「やや」「しばらく」などと同じように，あいまい表現といわれる。

　日本人は，相手との人間関係を考慮するあまり，あいまい表現を使う

```
＜アンケート結果から明らかになったこと＞
 1.「そう思う」と回答した人が「そう思わない」と回答
   した人より少し多い
 2.「そう思う」と回答した人の通学時間は，「そう思わな
   い」と回答した人よりも長めである
 3. 通学時間が長いと遅刻するという仮説は，ほぼ否定さ
   れた
```

図表 7-3　あいまい表現を使った例
出所：筆者作成

```
＜アンケート結果から明らかになったこと＞
1.「そう思う」と回答した人が「そう思わない」と回答
  した人より2人多い
2.「そう思う」と回答した人の通学時間は，「そう思わな
  い」と回答した人よりも30分長い
3. 通学時間が長いと遅刻するという仮説は，立証されな
  かった
```

図表7-4　あいまい表現を使わない例
出所：筆者作成

とも言われているが，自分の考えを明確に相手に伝えたい時は，いかなる場面であっても，あいまい表現を使わない方がよい。たとえば，アルバイト先に，定期試験の勉強のために，「しばらく休みます」といえば，「しばらくとは，いつからいつまでか」と具体的な日程を示すことが求められるだろう。そのため，具体的な数字，場所，名前などを明確に挙げた方が発表を聞いている相手には理解しやすくなる。

　同じ想定で，あいまい表現を回避したものが図表7-4である。少しではなく，2人と数字を具体的に挙げ，長めではなく30分と明記し，仮説についてもあいまいな結論を避けた表現にしている。論文であれば，より慎重に表現することも1つの方法であろうが，口頭での発表では，聞き手のわかりやすさを重視した方がよい。

　図表7-5は，図表7-4の内容を文章ではない形で表現したものである。手元資料としては，図表7-4であっても，それほどわかりにくくはないだろうが，口頭で発表している時には，スライドを見て，発表者の言葉を聞いて理解できるかを考えながら，作成する必要がある。文章よりは，項目を列挙するような形で，簡潔にすると，理解しやすくなる。そのために，スライドを作成する際には，見やすさの点でゴシック体に

```
＜アンケート結果から明らかになったこと＞
●回答状況
　「そう思う」（52 人）＞「そう思わない」（48 人）
●通学時間
　「そう思う」人（70 分）＞「そう思わない」人（40 分）
⇒通学時間が長いと遅刻するという仮説×
```

図表 7-5　文章を使わない例
出所：筆者作成

統一した方がよい。

　さらに，図表 7-6 のように，数字で示されたデータであれば，グラフや表で示すことも可能である。文章よりも明確にその結果を相手に伝えることができる。他にも，図形を用いて，発表者が伝えたいことを強調して表現することもできる。ただ，文字であれ，図形であれ，画面全体に書かれていると，聞き手はわかりにくくなってしまうので，スライドの余白も活かすように，スライドを作成する。

　図表 7-7 は，図表 7-5 のスライドの背景に花柄をつけたものである。

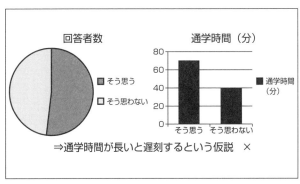

図表 7-6　文章を使わない例

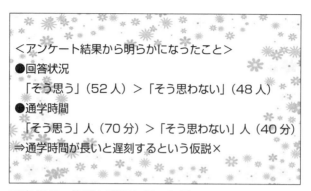
図表 7-7　複雑な背景を用いた例
出所：筆者作成

インターネット上には，無料でスライドの背景として利用できる絵柄や写真が多数掲載されており，これらを容易に利用することはできるが，見やすさという点からは，どうだろうか。背景の絵柄と文字が重なると，見にくくなるので，背景はシンプルにした方がよい。そのため，背景，文字を含め，色は3色程度にして，強調したい部分のみ色を変えることが一般的である。

聞き手からの見やすさを考えると，背景などは，統一感があった方がよく，背景のデザインをスライド毎に変えるのは，あまりよくない。パソコンで，スライドを作成していると，様々な色が使え，それらの微妙な違いを意識して作成してしまうこともあるが，発表する会場のプロジェクターの性能によっては，色彩の微妙な違いがまったくわからないこともある。また，会場に設置してあるパソコンのアプリのバージョンと，スライドを作成した時のアプリのバージョンが異なることがある。前者の方が，古いものであることの方が多いので，古いバージョンとの互換性のある形式でデータを保存した方がよい。

同様に，PowerPoint や Keynote で，プレゼンテーションの資料を作り始めると，背景以外にも，画面切り替えやアニメーション，動画の挿

入などの機能も試してみたくなる。常に，聞き手のことを考えて作成していればよいのであるが，中には，作り手の好みで画面切り替えやアニメーションを使い，かえって，スムーズな発表を妨げてしまうこともある。聞き手に理解してもらいたいことが，様々なプレゼンテーション機能を使えることでなければ，簡潔を心がけて作成した方がよい。また，インターネットから容易に画像や映像を利用できるようになっているが，著作権や肖像権などの権利問題についても注意する必要がある。無料で使用できることが示されていないものは，発表資料には使わない方がよい。

　なお，後述するが，発表した後に，質問を受け付けることになるので，あらかじめ質問を想定し，そのためのスライドを作成しておくと，余裕を持って質問や疑問に対応できる。また，発表の内容を簡潔にするため，スライドを調整する必要もある。発表で使わなかった資料を質問の回答用として利用してもよい。

Part.7 Making a Presentation
3 プレゼンテーションを行う

本節では，PowerPoint や Keynote を利用して，プレゼンテーションを行う際の注意点を確認する。

　発表する内容をグループでまとめ，発表の聞き手を確認して，プレゼンテーション用の資料を作成した後，実際にプレゼンテーションを行う前に，すべきことは何だろうか。藤井他［2003］は，入念にリハーサルを行い，発表のセクション毎の時間配分を確認し，発表時間内に終わるように練習して，事前に会場の大きさ，発表のスタイルなどを確認した方がよいとしている。高校までの授業で音読を求められた時を思い出してほしい。自分は，日本人で日本語を読むことができると思っていても，事前に音読の練習をして息継ぎの場所や間を確認して行うのと，そうした事前の準備をしないのとでは，まったく異なる結果になる。プレゼンテーションについても同様である。

　ジェレミー［2013］においても指摘されているが，プレゼンテーションを行う場所には，早めに行った方がよいことは言うまでもない。発表時間の間際に到着したとしたら，会場に用意してあるパソコンやプロジェクターなどの動作を確認することもできないからである。また，面接を含め，人前で話をしなければならない際には，話す内容をすべて暗記しようと思いがちであるが，ジェレミー［2013］は，暗記するのは冒頭部分だけでも構わないと指摘している。

　もちろん，話す事柄を一言一句，覚えても悪いことではないが，聞き手の表情を見て，時には繰り返したり，声を大きくしたりできる方がよい。わかりやすい例を挙げると，入試の面接で，事前に覚えてきている

と思われる志望理由を尋ねると，受験生はすぐに回答できるが，事前に考えてはいないと思われる，校舎の印象などを尋ねると受験生の中には回答できない者もいる。丸暗記は悪いことではないが，応用が利かなくなるのである。

　そのため，話す事柄を一言一句，覚えるよりは，スライド1枚ごとに話す内容を覚えていればよいのである。ただ，そうはいっても，ジェレミー［2013］が指摘しているように，話す内容全体をまとめたメモをポケットにでも入れておくと安心できる。人は，緊張すると，覚えていたことをすべて忘れてしまって，頭の中が真っ白になることがあるからである。

　前節でも確認したが，発表する時に注目させたいものは何だろうか。それは，発表の内容であって，発表者の服装でも髪型でもない。大型コンピュータを製造・販売していた当時のIBMの営業担当者は，皆，「ドブネズミ」と評され，彼らはダークスーツに身を包み，胸ポケットにペンを入れることさえ，認められていなかったといわれている。これは，相手に注目してもらいたいのは，販売したい大型コンピュータそのものであって，奇抜なスーツやシャツでも胸ポケットのペンでもないからである。大学生が就職活動で着るリクルートスーツにも同じような意味があろう。面接で関心をもってもらいたいのは，学生自身であって，服装ではないからである。

　プレゼンテーションを行う時の姿勢にも注意する必要がある。藤尾［2016］では，避けた方がよい姿勢として，振り子のように左右に体を揺らす姿勢，片足だけに重心をかけて斜めに傾いている姿勢，上の方ばかりを向いている姿勢，あらぬ方向を見ている姿勢などが挙げられている。それでは，どのような姿勢がよいかといえば，藤尾［2016］によれば，男性であれば，足を少し開いて重心を中心にして，背筋を伸ばし

て，手は自然に下ろす姿勢で，女性であれば，正面に 45 度の角度をとり，足はクロスさせ，手はウェストの位置で前に組む姿勢がよいとされる。どちらも，本来は，自然にできることが望ましいが，聞き手に注目してほしいのは，発表の内容であって，発表者の動作ではないことを念頭に置いて，事前に練習すると，どのような姿勢が聞き手から見て，自然なものに見えるか理解できるだろう。そして，プレゼンテーションを行う者の視線は，聞き手に顔を向け，聞き手から見れば，自分の方を向いて話していると思われた方がよい。

　話す際には，歩きながら話すことなく，立ち止まって話すことが基本である。ステージのように広いスペースがあって，大きな会場に着席している聞き手のことを考えて，スクリーンの左右に時折，移動をした方がよい場合であっても，話をする際には，話の内容に注目を集めるために，止まって話した方がよい。ここでも，確認すべきことは，聞き手の関心を向けたいのは，プレゼンテーションを行う者の動作ではなく，話の内容だからである。

　発表する際には，話し方にも気をつけた方がよい。語尾を上げて話さないことや，語尾を伸ばさないことである。普段の会話では，語尾を上げたり，伸ばしたりすることがあるかもしれないが，プレゼンテーションの場は，普段の会話とは異なる。言い切るべきときは，はっきり言い切った方が聞き手はわかりやすい。日本語は，主語・述語の関係が明確でないと，聞き手にはわかりにくくなるので，明確に言い切った方が聞き手にはわかりやすくなるのである。そのためには，プレゼンテーションを行う者が何を聞き手に伝えたいのかを意識して，発表する必要がある。

　また，プレゼンテーションに限らず，重要なことは時間を守ることである。そのため，与えられた時間内で終わらせることが大切である。た

だ，ジェレミー［2013］が指摘しているように，人は緊張すると早口になることが多いので，与えられた時間が大幅に残るのもよくない。発表しながら，時間を確認できるようにし，間をうまく使ったり，大切なことを繰り返したりして時間を調整するとよい。
　多くの発表する場面においては，質疑応答の時間がある。発表をする側から見ると，質問があるということは，自分たちのプレゼンテーションに何か足りないことがあったのかと思いがちである。しかしながら，よい発表というのは多くの質問を受けるものである。なぜなら，それだけ，聞き手の関心を多く引いたからである。就職活動の面接の際にも，よく言われることであるが，質問されるように話をすることがよい発表なのである。もちろん，これは質問を受けることを前提として，質問に対する答をあらかじめ用意することでもある。

Part.7 Making a Presentation

4 英語で発表する

本節では，英語で発表する際に有効な資料の作成や円滑なプレゼンテーションの仕方などを確認する。

　デイビット他［2004］などでは，英語でのプレゼンテーションを行う際，発表者，司会，聞き手を英語で図表7-8のように表現している。日本語と英語とでは，プレゼンテーションの仕方も大きく異なるのではないかと思われるかもしれない。確かに，発表者を"presenter"と表現したり，司会を"facilitator"と表現したりするなど，異なる部分もあるかもしれない。しかしながら，発表の際に注意すべき点については，日本語と英語で大きく異なることはない。

　たとえば，藤井他［2003］は，英語でプレゼンテーションを行うに当たり，自己紹介の後に，最初に全体の視点を示し，発表の流れを伝え，伝えたい内容を明瞭・明快に転化し，内容の定着をはかることが重要であることを示している。これは，日本語のプレゼンテーションでも同じである。発表の状況を考え，どこで，誰に対して，何のために発表するのかを考えながら，英語での発表を準備するのである。自分たちの紹介について，自分たちの主張したいことを確認し，PowerPointやKeynoteなどを用いて，プレゼンテーションのための資料を作成する

発表者	presenter
司会者	facilitator / chairperson
聞き手（参加者）	participant / audience

図表7-8　プレゼンテーション関係の英語
出所：デイビット他［2004］を参照して筆者作成

ことになる。作成する際に注意すべき点は、第2節で取り上げたことと変わりはない。

　ただ、実際に英語でプレゼンテーションを行う際には、図表7-9で示したような英語の例文が定型文でもあるので、利用するとよい。実際の発表では、「このような機会をいただき、ありがとうございます」のような挨拶は状況次第である。仮に、英語による大学の授業であれば、最初の挨拶の例文にある発言はあまり適切でないかもしれない。単刀直入に自己紹介をして本題に入る方がよいこともあるだろう。発表する状況を考えて、英語で発表を始めるとよい。

　発表の内容自体は、事前に英語で準備することができる。ただ、英語での発表であっても、質疑応答の時間はある。日本での発表と同じように、多くの質問がある発表が望ましいのであるから、事前に英語で質問を受けられるようにした方がよい。質疑応答の際に役に立つ英語表現としてまとめたものが、図表7-10である。

　最後に、本講を閉じるに当たって、発表する際の注意点と、今後の大学での学びについて取り上げる。事前に発表する場所でパソコンやプロ

<最初の挨拶の例文>
- It is a great honor to be given this opportunity to present here.

<導入の例文>
- Now, I would like to present the results of our study.

<結論を述べるときの例文>
- In conclusion, I would like to say a few things.

図表7-9　プレゼンテーションでの英文例
出所：筆者作成

何か質問はありませんか。	Are there any questions?
ご質問，ありがとうございます。	Thank you for your question.
質問が聞こえませんでした。	I could not quite hear that.
質問の意図がわかりません。	I am not sure I understand the point of your question.
混乱させてしまいました。	I am sure I have confused you.
後で，メールで回答します。	After this session, I'll send you an email later.

図表 7-10　質疑応答の際の英文例
出所：デイビット他［2004］等を参照して筆者作成

ジェクターが使用できることを確認していても，発表する際にはそれらが使えない時もある。誰かにパソコンを直してもらうまで，プレゼンテーションを行わないという方法もなくはないが，聞き手のことを考えると，PowerPoint や Keynote などを用いることができなくとも，自分たちの用意した発表内容を聞き手に伝えられるようにした方がよい。聞き手に発表したい内容を理解してもらうことを第一に考えて，臨機応変に対応できるようにすることが望ましい。

　また，本講では，発表について取り上げたが，大学の教員による授業は，プレゼンテーションではない。プレゼンテーションは，10分から20分であるが，大学の授業は，90分から100分ほどである。そのため，教員の授業が本講で紹介したスライド作成方法やプレゼンテーションの仕方と異なる場合もあることを留意していただきたい。授業の中には，本講で取り上げた以上に巧みにプレゼンテーションを行っているものもあるかもしれないが，授業の内容から，簡潔に発表することに適しているプレゼンテーションの技法では伝えられないものもある。本講の発表する技法は，主に，学生がプレゼンテーションを行うためのものなのである。

参考文献

ジェレミー・ドノバン著，中西真雄美訳［2013］『TED トーク 世界最高のプレゼン術』新潮社。

田口力［2017］『世界最高のリーダー育成機関で幹部候補だけに教えられているプレゼンの基本』KADOKAWA。

デイビット・セイン，マーク・スプーン［2004］『プレゼンテーションの英語表現』日本経済新聞出版社。

藤井正嗣・野村るり子［2003］『英語でプレゼン―そのまま使える表現集』日興企画。

藤尾美佐［2016］『20 ステップで学ぶ 日本人だからこそできる英語プレゼンテーション』ルナテック。

This is Active Learning

第8講

キャリアにつなげる

1. これまでの日本の教育スタイル
2. アクティブラーニング型授業の実例
3. 明治大学商学部でのアクティブラーニング実践
4. アクティブラーニングをキャリアに生かす
5. アクティブラーニングによる成果の就職活動での活用
6. 仕事を通じて社会で要求されることへの備えと先取り
7. 生涯学習としてのアクティブラーニング
8. 企業側の課題とアクティブラーニングの意義

Part.8 Making the Most of This Experience for Your Future

1 これまでの日本の教育スタイル

　日本の教育方法は知識詰め込み型と言われることが多く，中学校でも高校でも知識をいかに多く吸収できたかが試験の点を左右する。大学入試ではその総決算かのように詰め込んできた知識が紙の上で評価され，表現力や主体性などをジャッジするような項目は少ない。だが社会に出たらどうであろうか。知識はもちろん大切であり，知っていることが多ければそれだけ見識を広げることもできる。ただどんな仕事に就いたとしても，「誰か」と働くことは必至であり，そこでは知識だけで太刀打ちすることは難しいだろう。

　またグローバル化が進む中で，日本の競争力の高さがこれからもますます求められていくだろう。そういった状況の中では，これまでのように一方的な知識伝達型講義を受けるだけでは養える力が限られてしまう。社会に出てから求められる能力と学生時代に学ぶ内容に差があることは，教育効果の点からみても非常にもったいない。大学進学者の多くが，その後就職して社会へ出ていくのであれば，社会で必要とされる力を大学でも教えることが求められるようになるのは当然の流れなのかもしれない。

　社会に出てから他者と協働して問題を解決し，新しいことを創造する力が必要となる場面は多い。そうした中で，「思考力・判断力・表現力」や「主体性・多様性・協調性」を鍛える手法として注目されているのがアクティブラーニングである。教員が一方的に講義を行い，それを聞い

て板書の内容を単にノートに書き写しているだけでは，学生の理解は深まらず知識も定着しない。しかし1つの問いに対して，複数の学生が意見を交換したり，それをチームごとに発表したりするという簡単な工夫だけでも主体的な学びが生まれる。実際に「先生ごっこ」と称して学生が学生に教えるような取り組みをしている事例も耳にする。教えることは学ぶことと言われるように，様々な能動的な学びの方法による多くの高い学習効果が報告されている。

　だからといって大学は「就職予備校」ではないことも忘れてはならない。就職するための手段として大学へ行くのではない。近年では，広告で就職率の高さを全面的に打ち出している大学もあり，保護者向け就職説明会を開催している大学も少なからず存在する。卒業後のことを心配することは仕方ないことではあるが，あくまでも大学は「学問」の場である。その学問の方法の1つとしてアクティブラーニングが位置付けられ，それが学生の力を鍛える学びの場として活用されていくのが理想である。それがもちろんビジネスの場でも有効であるのは間違いない。

Part.8 Making the Most of This Experience for Your Future

2 アクティブラーニング型授業の実例

　アクティブラーニングと一言でいっても授業のスタイルは様々である。アクティブラーニングは「能動的な学習方法」と定義されているが，それ以上の詳細については特に定められていない。したがって，その内容や方法は学校によって異なる。筆者自身の指導経験から，アクティブラーニング型授業の実例を紹介する。

　まずグループ編成時に，異なる専門分野や背景の学生を混在させることが有効である場合が多い。たとえば，文系理系の学部の学生を混合させ，所属コースや専門分野など異なるバックグラウンドをもつメンバーを1つのチームに所属させて，男女比もできるだけ均等にし，グループの活動をしてもらうなどの工夫である。そうすることで立場や得意分野が異なるメンバー同士が意見を交換し，その結果として議論が活発になるという効果が出る。

　また別のルールとして，授業の最後に，自分自身を評価する自己評価の仕組みに加えて，一緒に頑張ってきたグループメンバーを相互評価する仕組みを取り入れてきた。それは，同じチームの自分以外の各メンバーを「S, A, B, C」の4段階で評価するというものである。チームメンバーに対して「S～C」評価のいずれかを1人ずつに振り分けることが決められている。複数名をすべて同一評価にすることは許されず，共に戦ってきたメンバーに甲乙をつけなくてはならないうえ，自分も同様に評価される仕組みを取り入れることにした。学生からするとある意味

で非常にシビアな方法であるが，そうした評価にさらされるのは，社会に出れば当たり前のことであり，他者から見た自分がどうであるかを知り，自己認知を高める誠に良い機会でもある。

　さらに，チームとしての発表は次のような7項目を4段階で評価するようにした。その7項目の内容とは，「課題設定が適切か？」，「解決策の手段は適切か？」，「チームとして活動しているか？」，「表現は適切か？」，「熱意・志は感じられるか？」，「話し方・態度・目線は適切か？」，「質疑応答の適切さ」の7項目である。また評価軸の4段階はPoor＝1，Good＝2，Very good＝3，Excellent＝4で分けられる。

　プレゼンテーションとして発表すること，そしてその評価として高い点数を獲得することのみが唯一のゴールではないということに留意する必要がある。それだけではなく，最終的なアウトプットに対して他者からもらったフィードバックを，さらに今後にどう活かしていくか考え，次のプロセスへとつなげていくことがアクティブラーニングを行う上で何よりも重要である。

　なぜなら社会に出てからもビジネスの場ではそれと同じことが常に行われるからである。会社ではPDCAと呼ばれる，Plan → Do → Check → Actionのサイクルを回していくことが大切である。ただ漫然と仕事を繰り返しても，そこには個人の成長は生まれない。1つの仕事を通して，自分自身と向き合い改善できる部分を直し，新たな目標を設定していくことが大事である。アクティブラーニングでもその疑似体験をしていくことができるのである。

　従来の一方通行型の発表では，発表者が準備してきた内容をプレゼンテーションし，拍手をして終わるという形式だったが，これはアクティブラーニングではない。現在でも「アクティブラーニングをしています」という看板を掲げながら，実際には形式だけのディスカッションや

プレゼンテーションという方式をとり，フィードバック以降の内容が形骸化している場合もある。これでは意味がない。発表を通して他者から意見をもらい，評価されることで学生は悔しさの中にも成長していくきっかけを掴んでいくのである。

Part.8 Making the Most of This Experience for Your Future

3 明治大学商学部でのアクティブラーニング実践

　明治大学では近年，学生が能動的な学びに参加できるよう海外の大学の事例なども参考にしつつ，学生が自ら体験しながら，主体的に学ぶ「アクティブラーニング」を推進している。しかし明治大学商学部では，かなり早い時期からそうした学びの方法を採用しているということができる。

　伝統的に明大商学部の教育の柱として特徴となっている「ゼミナール」も，考え方によっては典型的なアクティブラーニングの場であると見ることができる。また，他の大学に先んじて授業科目として設置した「ジョブインターンシップ」の授業も，企業での実習に先立って実施されている綿密な事前指導の段階から，アクティブラーニングそのものである。すなわち，まだアクティブラーニングという用語が使用される以前から，明大商学部ではそれに相当する教授法を積極的に導入していたということができよう。

　今日の明大商学部で，アクティブラーニングとしてもっとも特徴的なのが「特別テーマ実践科目」である。これは社会の様々な課題をテーマに，学生の力で解決することを試みる体験型の授業である。たとえば企業から実際に存在する経営戦略やマーケティングの課題を提示してもらい，あるいは学生自身がそうした課題を見出して，それに対してコンサルテーションを行ったり，あるいは実際に地方自治体のアンテナショップを経営したりしながら，実社会で必要となる能力を鍛えていくなど，

様々なテーマでの授業としての実践活動が行われている。このようにして「特別テーマ実践科目」では，地域連携や産学連携として学外との協力関係を活用しながら，課題発見力，企画構想力や課題解決力，情報発信力といった社会で求められている能力の育成を目指している。

　また今では明大商学部において，1年生の新学期から春学期の授業として「総合講座：フューチャースキルプログラム」を開設し，企業からの実際の課題に学生がチームで取り組むアクティブラーニング型の授業を展開している。その課題提示と学生への指導を行う協力企業として，明大卒業生が活躍する企業や，その卒業生自身が積極的にかかわってくれている点が大きな優れた特長となっている。

　筆者は実際に明大商学部でのアクティブラーニングの指導担当経験を通じて，半期の授業での実質約4か月という短い時間にもかかわらず，学生が成長していく姿を見ることができている。学生たちはグループワークを通して，まずは基本的な時間管理や情報収集の方法，ディスカッション，複数のアイディアをどのようにして集約していくかなどを実践的に学んでいく。今の大学生は幼いころからパソコンに慣れ親しんでいるため，インターネットで情報を収集することや，パワーポイントで資料を作成することなどは指導されなくても簡単にできているように見えた。

　一方で，複数メンバーでの話し合いになると積極的に意見を出す学生はほんの一握りであり，互いに出方をうかがう様子が散見された。また当初得意と思われたインターネットの利用に関しても，情報の取捨選択が上手く行えていないチームが多くあった。信憑性に欠ける情報や出所のはっきりしないデータを使用して発表しても，その内容に客観性はなく，説得する材料にはなりにくい。またパワーポイントなどの資料も一見美しくまとまっているように見えるが，実際には伝えたい内容がわか

りづらく，資料の作り方から学び直す必要があった。

　そういった1つひとつのことがらに対して，アクティブラーニングを通してブラッシュアップしていく試みや努力が，明治大学商学部の授業では行われている。各々の学生の得手不得手を理解しつつ得意技を活かし，グループとして最大の効果を出すためにどうしたら良いかを考えている。その道のりでは当然衝突も起こる。意見のぶつかり合いはもちろん，モチベーションの異なる学生間で発生するフラストレーション，また無断欠席によるメンバーへのしわ寄せなども起こりがちだ。残念ながら同様のことは社会に出てからも起こりうる。そうした出来事も想定したうえで，いかにしてグループワークを進めていくかが大切になる。

　アクティブラーニングを通して習得できるものは大きく2つに分けられる。1つは情報収集の方法や資料作成スキルなどのハード面であり，もう1つは，他者に自分の意見をどのように伝えるか，どのように発表することが効果的なのかというソフト面である。どちらも社会に出てから必要になるものであり，座学だけで学ぶには限界がある。学生たちも自主的かつ積極的に効果的な資料の作成方法や図版の活用の仕方を工夫したり，考え方として5W1Hを取り入れ，クリティカルシンキングを実践し，プレゼン中のアイコンタクトなどまで事前準備の内容として盛り込んだりしている。

　また最終発表までのスケジュールの途中で一度中間発表を行っていたが，中間発表後の学生の成長には目を見張るものがあった。課題提出企業から厳しいフィードバックをもらい自分たちの課題が明確になると，そこから加速したように学生たちのワークは内容が濃くなってくる。同時にほかのグループのプレゼンテーションを見ることで，良い点を取り入れ，悪い点を参考に軌道修正していく姿を見ることができた。新しいことに集中的に取組んできた学生たちの最終発表では，優勝者が決まる

ということもあり緊張感のある発表が行われたが，そこでの主体性あふれる学生の姿は初回の発表とは比較にならないものだった。こうして学生は，社会で必要とされるソフトとハードのスキルを実践的に学んでいく。

Part.8 Making the Most of This Experience for Your Future

4 アクティブラーニングをキャリアに生かす

　アクティブラーニングを経験した学生は，そこでの学びをその後どのように生かしていくことができるだろうか。アクティブラーニングの意味をキャリアに結びつけるという観点から改めて整理してみると，その意義は大きく2つに分けることができよう。1つはディスカッションやプレゼンテーションといったビジネスで必要とされるスキルを習得すること。もう1点はアクティブラーニングを通して自分自身の職業観を育成することである。

　前者の，ディスカッションやプレゼンテーションに必要な能力という，実社会へ出た際に役立つ各種のスキルは，教科書を読んで身につくものではなく，また高校までの授業や大学での通常の講義科目でもなかなか得る機会がないものである。そうした力を身に付けるためには，実践が大事である。あるテーマを元に意見を交わしたり，自分自身が伝えたいことをまとめるために事前準備をし，人前でそれを発表し，それに対してフィードバックをもらい，トライ＆エラーを繰り返したりしていくことで，次第にそうしたスキルを向上させることができるのである。アクティブラーニングを経験しなくとも，元来人前に出ることが好きな者や，話すことを得意とする人は，いろいろな局面で上手く立ち回ることができるかもしれない。しかし特にそうではない人は，まさに手さぐりで努力するしかなかったわけであるが，アクティブラーニングの手法を通じて学ぶことで，すべての人たちのスキルを向上させることができ

るようになる。

　一方で，後者の職業観を育成するというのはどういうことであろうか。アクティブラーニングの授業に対して，指導スタッフとして携わった経験を通じて言えるのは，アクティブラーニングによる授業を通して，自分自身の役割の適性や，そのプロジェクトに対するやりがいを見つけていく学生が少なからずいたということである。たとえば銀行などの金融機関からの課題に対して，コンサルテーションをして，金融業界や銀行での仕事内容に興味をもった学生が出てくるというのはわかりやすい事例であろう。ほかにもグループワークを通して，自分がリーダーに向いていると気付く学生がいる一方で，丹念にデータを調べることに面白さを感じる学生のメンバーもいたりする。こうした事例からは，特にプロジェクト型のグループワークによるアクティブラーニングを通じて，将来自分がどんな仕事に就きたいか，あるいは向いているのかを考えるための一助になるということが理解できる。

Part.8 Making the Most of This Experience for Your Future

5 アクティブラーニングによる成果の就職活動での活用

　就職活動の時期になりその活動を始めると，多くの企業が応募者の選考過程でグループワークを積極的に取り入れていることがわかる。ディスカッションや課題解決などを通して，大学生1人ひとりの特性を見ていくのであるが，グループワークを行うメリットは，一度に大人数の選考が行えることはもちろん，他者との関わり合いの中でどのように振る舞い，役割を全うするのかを見ることができることである。1対1の面接では質疑応答がメインになるため，応募者は準備してきた回答を伝えることもできるが，複数名のワークではそうはいかない。このような場面でもアクティブラーニングの成果を発揮することができる。

　大学の授業で行うアクティブラーニングでは，一般に同年代の学生と意見を交わしながら進めるということが多くなるが，その点においては就職活動でも同じである。しかし唯一異なるのは，就職活動で出会うメンバーは初対面であることである。しかしこの点についても，アクティブラーニングを繰り返し行うことで，初見の相手に対しても自分自身の役割を認識して立ち回ることができるだろう。選考におけるグループワークのテーマを理解し，メンバーの特性を見極め，グループ運営がスムーズに進むよう努めることなどに加えて，答えのない課題をどう捉え，どのように解決していくかという点についてもアクティブラーニングを通してトレーニングすることができる。

　すなわち問題の本質はどこにあるのか，課題解決のポイントは何かと

いった点について考える力を，アクティブラーニングを通じて養うことができる。しかし学び方を身に付ける良い機会であることには違いないが，アクティブラーニングはもちろん就職活動のためのものではない。就職活動を上手にくぐりぬける方法を取得するのがアクティブラーニングの目標でもなければ本質でもないのは言うまでもない。

　そのためにも第3節で説明したように明治大学では大学1年次からアクティブラーニングを取り入れている。1年生の段階で能動的・主体的な学びを得ることで，大学としてはその後3年間をどのように過ごしたらいいかを考えるヒントを掴んでくれたらという思いがある。モラトリアム期間として大学生活を送る学生は実際には少なくないと思うが，漫然と4年間を過ごしてしまうには大学という場所はあまりにももったいない。学費はもちろん，大学が潜在的に持っている力を考えるとなおのことそうである。大卒の資格を得るという以上の価値がそこにある。社会に出るまでの自由な猶予期間と称してだらだら学生生活を過ごし，大学3年生の後半になったら突然就職活動を始めるという時間の過ごし方をして，大学3年生後半からの約半年で就職活動を終えてしまう学生が少なからず存在するようである。就職活動は社会人生活の実質的なスタートであり，今後の人生を左右する大きな岐路である。せっかく4年間という時間があるのだから，どうしたら有効な時間の使い方ができるか考えてみるのは決して無駄ではないだろう。

　そのためにも前述したように，大学1年次からアクティブラーニングを行うことの意味は大きい。アクティブラーニングを通して働くことや社会を身近に感じて，それを自身の将来に投影することで興味のある分野や適性などを見つけることができたら素晴らしい。高校生までの授業とは異なる刺激を受けることで，成長スピードを一気に加速させることが可能である。

Part.8 Making the Most of This Experience for Your Future

6 仕事を通じて社会で要求されることへの備えと先取り

　社会に出た際に求められる能力は，どのような仕事をするかで異なる。しかしどの会社にいても，意見を交わし1つの答えを導き出すことや，自分の考えていることを他人に伝える場面は少なからず存在する。会社に新入社員が入社してくると，ビジネスマナーと呼ばれるものから会社の理念まで，一般的には座学での研修を一通り行い，仕事内容の理解，業界研究などへと続く。その後OJTとして先輩の仕事へ同席したり，営業に同行したりして実際の仕事を見て学ぶ。このoff-JTとOJTを組み合わせて新人研修を行う会社がほとんどであると言える。

　ここでOJTにもoff-JTのどちらにも属さないものとして，アクティブラーニングの内容があるのではないかと考えられる。筆者自身の企業への勤務経験では，営業職に配属されると，お客様へプレゼンテーションをする機会は月に何回もあり，同時にプレゼン資料を作成することも多い。しかしこれらについて実践的な指導を受ける場は現状ほとんど存在せず，実際に仕事を通じて自分で学んでいく。プレゼンやディスカッションのHOW TOももちろん学んでほしいが，どうしたら人の心に届くように話せるのか？　一緒に仕事を進めていくにはどのように話を進めていったらよいのか？　そういった指導をOJTにもoff-JTのどちらにも属さない，いわゆるmid-JTとして，学生時代のアクティブラーニングを通じて受けておくことが，社会に出てから非常に大きく役立つと考えられる。こうしたスキルは実社会で必要とされるもかかわらず，学

生時代に体系的に学んでおかなければ，社会人になってからじっくり学ぶ機会はほとんど存在しないというのが，残念ながら実情である。

　実際のビジネスの現場で，言われたことを，指示通りに正確に早目に素早くこなし，仕上げることももちろん大事である。しかしこれからの第4次産業革命の許で，自動化，IT化，ロボット化がより一層進展すると言われる中で，たとえばいわゆる提案型営業やソリューションの提供，クライアントへの価値提示などとこれまでに言われてきた以上に，今後は，自分で答えのない課題に取り組む，あるいは自分自身でまずは問題点や課題を発見すること自体が重要なこととして求められるに違いない。また，今後は企業活動における単なる社会貢献活動としてではなく，ビジネスそのものを通じて個人のニーズやウォンツを超えた，社会的な課題を解決することもより一層求められるようになるはずである。そしてそれを，様々な立場のスペシャリストと共にチームで，あるいはネットワーク型の組織体制の許で取り組むことが必要になるはずである。そのための準備としても，学生時代のワークショップ型のアクティブラーニングの学びの有効性が理解できるはずである。繰り返しになるが，就職活動を円滑に潜り抜けるための便法としてではなく，自分自身のビジネスのスタイルを身に付ける機会として，アクティブラーニングでの学びを活用して欲しい。

　幸いなことに，明治大学商学部での研究対象それ自体が，メーカー，商社，流通業，金融業，各種サービス業，あるいはベンチャーをはじめ，様々な業種の企業活動や，あるいは行政ならびに地域社会の課題であることが多い。さらには経済学の視点から見た国全体の動きや，むしろグローバルな課題に取り組むことも多いであろうし，会計の視点から数字で企業活動や物や人の動きをとらえるという学びの機会も多い。商学部こそがまさにキャリアを想定した研究テーマに取り組む場として好

適であると言われる所以もそこにある。広く様々な視点や興味関心，ならびに専門テーマを持った学生による，ビジネスを想定したアクティブラーニングが明治大学商学部では有効に展開されている。

Part.8 Making the Most of This Experience for Your Future

7 生涯学習としてのアクティブラーニング

　大学を卒業し，就職した後も個人としてのスキルを磨くための学びは継続していく。近年では，各大学における社会人講座としてのリカレント教育や，社会人向けのMBAなど，社会人にとっての学びの場として数多くの選択肢が用意されるようになってきている。社会に出ると，会社として恒常的に業績を伸ばし，継続して日常の成果を残すことが第一に求められるがゆえに，長期的な視野に立っての，個人としての実力養成のための学びについては，どうしても後回しになりがちである。そうした学びや本格的な実務能力養成にかかる，時間やコスト面での制約の大きさなども，それが後回しになってしまいがちな一因であろう。

　しかし，大学卒業後に働き始めた後での，継続的な学びが，実は一層意味のあるものになる可能性が高い。なぜならそうした社会人としての自主的な学びから得られるものは，仕事をする過程で「もっと経営について知りたい」，「業界構造を理解したい」，「より良い，もっと本格的な仕事の成果を提示し実現したい」など自らの課題意識を元にした学習となるからである。おそらく，切迫したビジネス上の動機に基づく要素が薄いというのが学生時代の学びであり，社会に出てからの学びとはそもそもの動機が異なる。したがって社会人になってからの学びこそ，その効果が大きいとも言えよう。

　そうした社会に出てからの学びにこそ，実はアクティブラーニングを取り入れるべきであると考えられる。なぜなら社会に出てから直面する

問題は，そのほとんどが用意された答えやいわゆる正解がない問題や課題だからである。解答のない課題へどう挑戦し，どのようにその答えを導き出すのか，そしてそれを正しい答えとしてどう実行していくかを考え，掘り下げる力を養っていくことができるのは，まさにアクティブラーニングを通じてのことではないだろうか。

　筆者自身の勤務経験を通じて実施したアクティブラーニング型研修の1つとして，地方の町へ行き，そこで現地の方と交流したり，参加者同士で対話したりすることで，自分自身のキャリアと向き合うというものがあった。日頃の業務から離れ，日常とは完全に異なる環境下で未知の課題に取り組むというアクティブラーニングを実践することで，各々の参加メンバーが新しい気づきを得て帰っていく。このような，日常とは全く異なる環境での学び直しの場も，より良い社会人人生を歩むうえで重要になると思われる。

Part.8 Making the Most of This Experience for Your Future

8 企業側の課題とアクティブラーニングの意義

　これまでの大学教育で主流であったような，大教室での一方通行の講義形式の授業を中心に受けて社会に出たこれまでの世代と，昨今主流にもなりつつあるような，アクティブラーニングのスタイルで学んできた学生とでは，就職後の仕事への取り組み方，仕事のスタイル，仕事への意欲や要望などが，大きく異なってきているということが想定される。ややもすると，それが企業において，世代間のギャップとして顕在化してくるという可能性が出てくると思われる。すなわち，上司への期待や自分自身の仕事への向き合い方にも，これまでの世代である現在の上司と，これからの新入社員の間では微妙な違いが出てくるのではないだろうか。日本には上意下達の文化が残っており，個人の意見を主張する新入社員をあまり好まない人もいるだろう。しかし組織の成長や企業の進化を実現していくためには，社歴の長短に関係なく，それぞれの意見が尊重されるようになるべきであろう。

　アクティブラーニングで仕事のスタイルや考え方などの素地を養った学生の扱いに慣れていない指導者も少なからず存在すると思われるが，その場合にも学生と目線を合わせて柔軟に指導方法を模索していくことが求められよう。指示待ち人間が少なくなって，意欲的な新入社員，前向きに自分で動ける新人が目立ってきたと言われるようなビジネス界にすることが，大学でのアクティブラーニングをキャリアに生かすことの本来の意義である。

執筆者一覧

第1講　出見世　信之（明治大学商学部教授・商学部長）
第2講　樋渡　雅幸（明治大学商学部特任准教授）
第3講　木村　乃（関東学院大学法学部准教授）
第4講　石出　靖雄（明治大学商学部教授）
第5講　樋渡　雅幸（明治大学商学部特任准教授）
第6講　久保　隆光（明治大学商学部専任講師）
第7講　出見世　信之（明治大学商学部教授・商学部長）
第8講　齋藤　美和子（明治大学商学部特任講師）
　　　　小川　智由（明治大学商学部教授）

| 平成30年3月31日 | 初版発行 | 《検印省略》 |
| 令和3年3月25日 | 初版4刷発行 | 略称：商学部グローバル2 |

明治大学商学部グローバル人材育成シリーズ②
これがアクティブラーニング

編　者　Ⓒ　明　治　大　学　商　学　部

発行者　　中　島　治　久

発行所　　同 文 舘 出 版 株 式 会 社

東京都千代田区神田神保町1-41　〒101-0051
電話　営業(03)3294-1801　編集(03)3294-1803
振替 00100-8-42935　http://www.dobunkan.co.jp

Printed in Japan 2018

製版：萩原印刷
印刷・製本：萩原印刷

ISBN 978-4-495-64921-0

[JCOPY] 〈出版者著作権管理機構 委託出版物〉
本書の無断複製は著作権法上での例外を除き禁じられています。複製される場合は、そのつど事前に、出版者著作権管理機構（電話 03-5244-5088, FAX 03-5244-5089, e-mail : info@jcopy.or.jp）の許諾を得てください。

明治大学商学部編の書籍

◎明治大学商学部グローバル人材育成シリーズ
① 英語と日本語で学ぶビジネスの第一歩

A5 判・256 頁・定価（本体 1,500 円＋税）・2017 年 3 月発行

◎これが商学部シリーズ
Vol.1 新版これが商学部
A5 判・256 頁・定価（本体 1,500 円＋税）・2010 年 3 月発行
Vol.2 社会に飛び出す学生たち―地域・産学連携の文系モデル―
A5 判・236 頁・定価（本体 1,700 円＋税）・2011 年 3 月発行
Vol.3 ビジネス研究の最前線
A5 判・240 頁・定価（本体 1,700 円＋税）・2012 年 3 月発行
Vol.4 世界の大学の先端的ビジネス教育―海外への多様な扉―
A5 判・188 頁・定価（本体 1,600 円＋税）・2013 年 3 月発行
Vol.5 ビジネスと教養―社会との対話を通して考える―
A5 判・220 頁・定価（本体 1,700 円＋税）・2014 年 3 月発行

ザ・ファッションビジネス―進化する商品企画、店舗展開、ブランド戦略
四六判・176 頁・定価（本体 1,500 円＋税）・2015 年 8 月発行